THE LITTLE BOOK THAT STILL BEATS THE MARKET

股市稳赚

[美] 乔尔·格林布拉特（Joel Greenblatt）◎著
李佳　卢晓晖◎译
刘文军◎校译

中信出版集团 | 北京

图书在版编目（CIP）数据

股市稳赚／（美）格林布拉特著；李佳，卢晓晖译．
—3 版．—北京：中信出版社，2016．2（2025.10重印）
书名原文：The Little Book That Still Beats the Market
ISBN 978-7-5086-3963-5

Ⅰ．①股…　Ⅱ．①格…②李…③卢…　Ⅲ．股票投资
Ⅳ．①F830．91

中国版本图书馆 CIP 数据核字（2013）第 074345 号

股市稳赚

著　　者：［美］乔尔・格林布拉特
译　　者：李　佳　卢晓晖
校　　译：刘文军
策划推广：中信出版社（China CITIC Press）
出版发行：中信出版集团股份有限公司
（北京市朝阳区东三环北路 27 号嘉铭中心　邮编　100020）
（CITIC Publishing Group）
承 印 者：三河市中晟雅豪印务有限公司

开　　本：880mm×1230mm　1/32　印　　张：7　字　　数：88 千字
版　　次：2016 年 2 月第 3 版　印　　次：2025 年10月第 9 次印刷
京权图字：01－2013－5506
书　　号：ISBN 978-7-5086-3963-5/F・2907
定　　价：36．00 元

致爱妻朱莉，以及我们的 5 个孩子

目　录

序 言

这本书最好的地方，就是大多数人不会相信书中的内容，即使相信，也不会有耐心照着书中所说的去做。这很好，因为越多的人知道一个东西非常好时，这个东西就会变得越发昂贵。

与大多数探讨市场异常的“体系”不同的是，乔尔·格林布拉特提出的简单概念即使被人们广泛使用，还是可以最大限度地保持有效性。

我不想在这里过多地涉及本书的内容——这本书非常短小精悍，你很快就可以看完。我要做的是向大家介绍本书的作者，这样你就知道是否可以信任他。

我与乔尔交往了几十年。他非常聪慧，非常谦逊，而且做事的目的性很强。最不同寻常的地方是他非常成功（我是说，非常成功）。

需要进一步说明的是，他的成功来自精明的投资（而不是卖书）。

他还很风趣，我把这本书的前几章读给我11岁的侄子提米听，我俩都觉得书写得很有趣。据我所知，提米还没有可以用于投资的资金，只好上床睡觉；而我则将此书读完，同时重新思考我的退休计划。

我想说的是，最早出现的共同基金是个好东西，但其佣金和费用太高。接下来出现的免佣金基金更好，它免除了佣金，但仍要负担管理费用、利得税以及因为其他管理措施产生的费用。最后，我们看到了指数基金，它将佣金、利得税和交易成本降到了最低。真是太好了！

事实上，乔尔想向你说明的是一种指数附加基金，这种附加来自你的股票篮子，即那些价值被低估了的好企业。按照乔尔提供的方法，你可以很容易地发现这些股票。

当然，可以肯定地讲，不是所有人都能在股市上胜出。但我认为，那些能够耐心地按照乔尔的建议去做的人，必将随着时间的推移取得胜利。如果上百万人都采用这种方法（率先尝试者一定要抢先抓住低价基金），有两件事情将会发生：第一件，按照此种方法投资的优势将会减弱，但不会消失。第二件，股市的价值将比原先更为合理，我们的资产配置将更为有效。

读这样一本书确实很值得。

现在，就像11岁的孩子那样，沉浸在本书中吧。

安德鲁·托拜厄斯

《你唯一需要的投资指南》作者

修订版导言

自我写《股市稳赚》第1版以来，已经过去了5年多。尽管写书时乐在其中，我却并未抱太高的期望。我的第一本书写于20世纪90年代，反响平平（其实是遭到了严重的抨击）。只有一家出版社（感谢威利出版社的戴维·普）愿意出版我接下来的写作尝试，也就是《股市稳赚》的第1版。我拿到了微薄的预付稿酬（讨厌，戴维·普），除去代理费、税费和常规的运费与操作费，我希望这次最好不要亏得太多。令我惊喜的是，这本书最终在全球卖掉了300 000册，并且被翻译成16种不同的文字（遗憾的是，其中15.5种我都不懂）。

我写这本书的目的非常简单。金融领域，特别是股市，令许多人望而生畏。然而，显而易见的是，投资决策对决定未来保障、退休选择以及供养你的家人起着重要的作用。股票是大多数人的投资组合中的重要组成部分，因此我想写一本简短易懂的投资指导，不仅要以我的孩子们都能理解的语言阐明事物的本质，而且我希望它成为诸多投资者的重要选择。

不过，在第1版《股市稳赚》完成后不久，我却感到些许恐慌。如果个人投资者真的按照我的建议去做，会出现什么样的结果？如果他们相信并理解了书中的神奇公式的逻辑，却没有正确地计算或者只采用了互联网上有限的数据源，又会如何？我脑海中不断浮现一位我真正想帮助的父亲或祖母在运用策略时，因为没有适当的资源而赔掉他们的辛苦积蓄的画面。我衷心希望读者善于寻找相关数据并进行正确的计算，加以对本书的阅读和理解，使本书能继续为新老读者提供巨大的帮助。至少，这本书的存在让我度过了担忧渐少、乐趣愈多的5年。

投资很难。因此，想要在各种各样的市场环境中生存下来并获得成功，拥有一个严格、详尽、合理的长期投资策略是至关重要的。但仅仅合理是不够的，它必须适合你才行。对长期投资策略的深刻理解是在策略短期内不能奏效时仍然坚持下去的唯一方法。

为了达成这一目标，我在2010年这一版中新增了后记。后记中探讨了自2005年第1版以来所发生的事件、结果以及所学到的经验教训。好消息是：事物往往与过去看到的有所不同(有时甚至可能大不相同)。这与第1版《股市稳赚》中得到的经验与原理是一样的。无论如何，回顾与学习总是有益的。我希望本版的新增内容能够有所帮助。祝你好运。

导 言

本书最初的灵感来自我的一个愿望，即送给我的5个小孩每人一件礼物。我想，如果能教会他们如何自己去赚钱，就是我送给他们的厚礼—— 一件可以持续获益的礼物。我还想，如果我能向我的孩子们解释清楚如何赚钱（不管怎么样，他们中已经有人上六年级和八年级了），我就能很容易地教会其中任何一个人成为一名成功的股市投资者。

书中的概念可能看起来有些简单——对资深投资者而言可能过于简单，但每一步都有它的道理。我相信，只要坚持下去，不论对于初学者还是资深投资者，回报都将是丰厚的。

有了30多年的专业投资经历，并在常春藤盟校的商学院授课长达 14 年之后，我至少能够确定以下两点：

1. 如果你真想在股市中稳赚，大多数专业投资者和学者并不能帮助你。
2. 你只有一个选择：必须自己动手操作。

这并没什么不好。虽然看起来似乎不大可能，但你可以学会如何在股市中稳赚。本书通过一个简单和循序渐进的步骤，教你如何做到这一点。为了帮助你，我在书中提供了一个神奇公式。该公式很简单，易于理解，利用它你可以超越市场，超越专业投资者和分析师。你可以冒很低的风险做到这一点。这个公式多年来一直行之有效，即使在每个人都知道它后，它依然可以奏效。虽然该公式简便易行，不需要花费很多时间，但只有在你充分理解了它的原理后，它才能为你效力。

通读本书，你会学到：

- 如何看待股市。
- 为什么几乎所有的投资者，甚至专业投资者都与成功无缘。

- 如何发现质优价低的股票。
- 如何凭借自己的力量超越市场。

为了满足有金融素养的高水平人士的需要，我在书后添加了附录。不是说每个人都必须阅读或理解附录内容之后，才能理解并应用书中讲到的方法。事实上，你不需要学习工商管理学硕士（MBA）课程就能在股市中稳赚。你不必掌握大量复杂的公式或金融术语，只需理解书中提出的一些简单概念就可以了。

好好享用这份礼物吧。祝愿这笔小小的时间投资，能在未来使你更为富有。祝你好运！

THE LITTLE BOOK
THAT STILL BEATS THE MARKET

第一章

一堂投资启蒙课

贾森虽然刚上六年级，但已经开始赚大钱了。我和我的儿子几乎每天都能在上学路上看到他。他的私人司机替他开着豪华轿车，他自己则坐在后座上。他和司机都穿得很酷，还戴着墨镜。哈，贾森刚刚 11 岁，既富有又时髦。

现在，让我们回到现实生活中，我可能有些太兴奋了。我是说，那其实不是什么豪华轿车，只是一辆小摩托。还有时髦的衣服和墨镜呢？咳，那也不是真的，他只是套了一条牛仔裤，也没有什么墨镜，脸上甚至还黏着饭粒。但这些都不是我想讲的，我要说的是，贾森已经开始做生意了。

贾森的生意虽然不大，却能赚到钱。贾森每天买 4 ~ 5 包口香糖，每包5片，每包花费25美分。据我儿子介绍，贾森一到学校就变成了一个“超人”。不论刮风下雨，还是可怕的校监，都不能阻止贾森卖他的口香糖。我猜测他的顾客喜欢从这样的“超人”手里买口香糖（也可能是因为他们不能出校门）。但不管怎样，贾森每天都在做他的生意，他的口香糖每片卖25美分。尽管不是我亲眼所见，但我能想象出贾森如何把打开包装的口香糖拿到可能会成为他顾客的人面前，不断地说：“你想买吧，我知道你想买。”直到他的同学被说服或掏给他25美分。

我儿子给贾森算了一笔账：5片口香糖，每片25美分，每包口香糖能卖1.25美元。由于每包的成本是25美分，这意味着贾森在他所卖的每包口香糖上净赚1美元……每天卖出4~5包的话，就是好大一笔钱了！有一天在我看到贾森之后，我问我六年级的儿子：“嘿，你觉得贾森这家伙中学毕业时能赚多少?”我儿子（小名本，大名迈特）快速地用他的大脑（还有几个手指头）计算了一下。“你看，”他回答说，“一天4美元，乘以一周5天，就是20美元。一学年36周，就是720美元。如果他再上6年学，那么到高中毕业时他就能赚上4 000多美元呢!”

为了不浪费这次教育机会，我问道：“本，如果贾森把他的一半生意卖给你，你会付多少钱呢？换句话说，他拿出毕业之前 6 年的口香糖生意的一半利润与你分享，但他想让你现在就给他钱，你会给他多少钱呢？”

“嗯……”——我能感到本的大脑在飞速地运转，就好像真要花钱一样——“也许贾森一天卖不了 4 ~ 5 包，只能卖 3 包，这样算起来好像保险一些。那么，他一天只能赚 3 美元。这样一周 5 天可以赚 15 美元。一学年 36 周就是 36 乘以 15（我应当帮他一下），这样一年能赚 500 多美元。贾森还要在学校待上 6 年多，这就是 6 乘以 500 美元，在他毕业时就是 3 000 美元！”

“对，”我说，“所以我想你会为了那一半的利润付给贾森 1 500美元，对吧？”

“不行，”本快速回答，“首先，为什么我要付出 1 500 美元，只是为了收回同样的 1 500 美元吗？那根本没有意义。另外，我要等上 6 年才能从贾森那儿得到 1 500 美元。我为什么要现在就给贾森 1 500 美元，为的是 6 年后拿回这 1 500 美元吗？再有，贾森干得可能会比我想象的好，我能顺利拿回的钱就会超过 1 500 美元，但他也可能干得比我想象的差。”

“对，”我插话说，“其他孩子也可能会在学校卖口香糖，这样贾森面临的竞争就会很激烈，他就卖不了那么多了。”

“不过，贾森确实干得很卖力，”本说，“我不认为别人会卖得比他好，这点我倒不担心。”

“我知道你的想法了，”我回答，“贾森干得不错，但是花1 500美元买他一半的生意却贵了些。如果贾森将他一半的生意卖给你，只要1美元，你会买吗？”

“当然。”本的语气好像在说：“爸爸，你真是个傻瓜。”

我没有理睬他的话，说：“那么，出价在1～1 500美元之间。现在我们的想法越来越接近了，你到底想付多少钱呢？”

“450美元。我目前只能付这么多。如果在6年间我能赚到1 500美元，我认为这个价钱比较合适。”本说，他显然为自己的决定感到高兴。

“太棒了！”我回答他，“现在你终于知道我是怎么谋生的了。”

“爸爸，你到底想要说什么？我都糊涂了，我根本没看到什么口香糖呀！”

“不，本，我不卖口香糖。我只是花时间发现各种生意到底值多少钱，就像刚才我们讨论贾森做生意一样。如果购买某种生意的花费比它的真实价值低很多，我就买！”

“等一下，”本脱口而出，“这听起来太简单了。如果一桩生意值1 000美元，有谁会以500美元的价格出售它呢？”

好，本那看起来合理又显而易见的问题实际上就是我这本书最好的开始了。我告诉本，他刚刚问了一个伟大的问题，信不信由你，总会有人以半价出售他们的生意。我告诉他，我能教会他在哪儿找到好生意并以最理想的价格买入，当然，我也会告诉他，这里也存在困难。

困难并不是指答案极为复杂，绝对不是。困难也不是指你必须具有某种天才或超级侦探的天赋，能够找到以500美元的价格出售价值1 000美元的生意。事实上，我决定写这本书不仅是为了让本和他的兄弟姐妹了解我的谋生方式，也是为了让他们学会如何开始为自己找到理想的投资机会。我认为不论他们将来从事什么职业（即使不是金融业，我从不鼓励他们从事这项职业），他们都需要学会如何把他们的收入用于投资。

但是，正如我告诉本的，困难是存在的。困难是你必须听一个很长的故事，需要花时间理解这个故事，而且最重要的是，你必须相信这个故事是真实的。事实上，这个故事中包含着一个能够让你致富的神奇公式。我并没有开玩笑。不过，如果你不相信这个公式会让你致富，它就不会发挥作用。另外，如果你相信我要给你讲的故事，我是说真正相信，你就可以选择在使用或不使用公式的情况下赚钱。（公式将大大减少你需要花费的时间和精力，给多数人带来更好的成果。读完本书后，你就可以决定该如何去做了。）

> 对于成年人，即使他们已经对投资十分了解，即使他们毕业于商学院，甚至娴熟地管理着他人的资金，但他们所学的大部分知识都是错误的。因为，他们从一开始就学错了。

好吧，我知道你在想什么。这是哪种“信念”呢？我们是不是在讨论一种新的信仰，也许就像《小飞侠》或《绿野仙踪》中的一些信仰？（我不想提出那些连我都会被吓着的水晶球中的女巫、会飞的猴子之类的话题，它们和我要说的事情一点儿关系都没有。）那么，有关赚钱的又是哪些部分呢，一本书真能让人发财吗？这不合情理。如果这是真的，那么每个人都能发财了，对于一本包含神奇公式的书来说，更是如此。如果每个人都知道神奇公式，但每个人都不能发财，这个公式很快就会失效了。

我已经告诉你这是一个很长的故事，我会从头讲起。对我的孩子和大多数同龄人来说，差不多所有的内容都是新的。对于成年人，即使他们已经对投资十分了解，即使他们毕业于商学院，甚至娴熟地管理着他人的资金，但他们所学的大部分知识都是错误的。因为，他们从一开始就学错了。很少有人相信我要讲的故事，我知道这一点是因为：如果他们真正相信我所说的，现在就已经有一大批成功的投资者了，然而现在并没有那么多的投资者。我相信，我能教会你（以及我的每个孩子）如何成为成功的投资者。好吧，就让我们开始吧。

第二章

最基本的四种投资渠道

万事开头难。任何钱都来之不易。毕竟，不管你赚了多少或从别人那里得到了多少钱，都要找到一个简便易行的投资方法和一个能在短期内获得收益的投资渠道。

在我还小的时候，我把自己赚的钱都“交”给了约翰逊·史密斯公司，它是一家普通的公司，通过邮购的方式销售放屁坐垫、瘙痒粉①和玩具狗等。

不过我想说，我并不只是把我所有的钱扔了出去，我从中也学到了一些东西。一次，约翰逊·史密斯公司的人卖给我一

---

① 放屁坐垫、瘙痒粉均为恶搞玩具。

个高 3 米、宽 9 米的气象气球。我不能肯定这个巨大的气球和天气有什么关系，但它对我却有某种教育意义。不管怎么说，当我和我的弟弟最终利用吸尘器的反气流把气球吹起来之后，我们遇到了一个大问题：高 3 米的气球比我家的房门高多了。在经过一系列连爱因斯坦都不一定会的复杂计算之后，我们决定用后背将气球拱出门，估计这样既不会损坏气球，也不会把门挤破（而且当时妈妈不在家）。这办法挺灵，但我们却忘了一件事。

屋外的空气似乎要比屋内的冷很多。这意味着我们在气球中充的是暖气。除了我们兄弟俩，任何人都知道会发生什么：热气上升，我们的气球飘走了。我们两个人顺着街道追着这个巨大的气球，跑了 800 米，直到它最后撞上了一棵树爆掉。

幸好，我从整个事件中得到了一个有益的教训，虽然我不能完全记得那是什么，但我很肯定的是：最重要的是要攒钱去买需要的或将来需要的东西，而不是浪费钱财买一个需要沿街追上三四分钟的巨大的气象气球。

让我们回到本书所讲的，设想大家都会同意这一点：为将来攒钱是很重要的。让我们设想：你可以抗拒许多像约翰逊·史密斯公司那样的商家向你兜售物品的诱惑；你（或你的父母）负担得起所有的生活开支，包括食物、衣服及居所等；由于你平时花钱总是很节俭，你总能存一小部分钱。你现在面临的问题是，将这些钱，比如1 000 美元，投到一个能赚更多钱的地方。

听起来很简单。当然，你可以把钱藏在垫子下面或放在储钱罐中，但过了几年，你的钱还是当初放在那里的 1 000 美元，金额一点儿也没有增加。如果物价在这几年中有所增长（也就是说你的 1 000 美元所买的物品要比过去少得多），你的资金的价值就会比你当初存钱时低得多。简而言之，你的原始存钱计划太迂腐了。

第二种计划要好得多，就是把 1 000 美元存到银行去。银行不仅同意帮你保存钱财，还会给你一定的好处——每年你都会从银行拿到利息。在大多数情况下，你在银行存钱的期限越长，利率就越高。如果你同意把这 1 000 美元在银行存上 5 年，每年你就能拿到大约 5% 的利息。这样，第一年你就会在所存的1 000美元的基础上拿到 50 美元的利息。第二年年初，你的存款就是1 050美元。第二年，你将在 1 050 美元的基础上继续得到 5% 的利息，利息额会达到 52. 5 美元。这样一直到第 5 年，你的1 000 美元会增长为 1 276 美元。不错，这比把钱藏在垫子下好多了。

现在让我们看看第三种计划。这种方法很简单，就是干脆绕过银行，把钱借给公司或某个团体。公司通常通过销售债券来借钱。街角的面包房通常不会销售债券，但大公司（资产在数百万美元以上的），如麦当劳等，经常会销售债券。如果你从一家大公司买进 1 000 美元的债券，这家公司可能会同意付给你每年 8% 的利息，并在 10 年后将 1 000 美元退还给你。这显然要比银行付给你的 5% 高得多。

这里仍然有一个小问题：如果你从某家公司购买了债券，但这家公司经营得不好，你就有可能拿不到利息和原始的投资。这也是为什么一些风险较高的公司（如鲍勃饼屋）通常会比那些更加稳定的著名公司付出更高的债券利息（而且要比银行利息高）的原因。因为投资者在购买公司债券时需要有较高的回报，以弥补拿不到利息和收不回原始投资的风险。

当然，如果你不想让自己的 1 000 美元面临任何风险，也可以考虑购买美国政府债券。在一个几乎不可能没有风险的世界里，把钱借给政府可能是风险最小的选择了。举个例子，如果你愿意把钱借给政府 10 年，政府可能会同意付给你每年 6% 的利息（如果你想借出的期限短一些，比如 5 年，利息通常会低一些，可能只有 4% 或 5%）。

我们来看一下 10 年期的美国政府债券。之所以这样选择是因为10年是一个较长的期限。我们来比较一下，相对安全的美国政府债券和其他的长期投资方式，哪一个收益大。如果10年期的政府债券年利率为6%，这实际上就意味着那些愿意将资金借出10年，而不愿意承担失去原始投资和拿不到利息风险的人，每年能够得到6%的利息。换句话说，那些愿意将自己的钱“锁”上10年的人，每年可以在无风险的情况下获取6%的收益。

> 投资者在购买公司债券时需要有较高的回报，以弥补拿不到利息和收不回原始投资的风险。

理解这一点很重要。这意味着，如果别人向你借钱或请你进行长期投资，他们所付的利息就应该高于每年6%。为什么呢？因为你完全可以得到6%的利润而无须冒任何风险。你所要做的就是将钱借给美国政府，它会保证你每年拿到6%的利息，而且10年后你的钱会回到你的手上。如果贾森想把他的口香糖生意卖给你一部分，这个投资就应当得到高于6%的回报，否则你没必要这么做。如果贾森想长期从你这里借钱，还是这么办，他应当付给你高于6%的利息。毕竟，你可以从美国政府那里获得毫无风险的6%的投资回报。

就是这样。你在本章中，只要记住以下几点就可以了。

小结

1. 你可以将钱藏在垫子下面（但这个计划有些迂腐）。
2. 你可以将钱存入银行或购买美国政府债券。这样保证获得收益，而且没有风险。①
3. 你可以购买某些公司或其他机构销售的债券，这样能获得比银行或政府更高的利息，但你可能会面临亏损甚至失去你全部的投资，因此，你的回报必须能够弥补你所承担的风险才行。
4. 你可以用自己的钱干别的事。（我们将在下一章里讨论这个问题。）

我还差点儿忘了：

5. 热空气是上升的。

嗨，我毕竟还是从那个气球事件中学到了些东西。多谢约翰逊·史密斯公司。

① 超过10万美元的银行存款将得到一家美国政府机构的担保。在到期日之前（可能是5年，也可能是10年），你不能动用你在银行中的存款（或购买的债券），以保证你的原始投资不会受到损失。

我想让你的生活变得更简单一些。在我写作本书的时候，10年期美国政府债券的利率要低于6%。但是，尽管长期政府债券的利率低于6%，我们依然假设该利率是6%。换句话说，不管美国政府长期债券利率的走向如何，我们其他投资选择的收益至少还要高于6%。我们的目标就是要保证来自其他投资渠道的收益要高于无风险的收益。显然，如果美国政府的长期债券利率达到7%甚至更高，我们将以7%甚至更高的数字为基准。

第三章

股票究竟是怎么回事

那么，你用自己的钱还能干些什么呢？让我们面对这个问题：把钱存到银行里或借给政府确实是很迂腐的做法。嗨，我知道了！我们为什么不随大流去赌马呢？其实我参与过这种活动，结果并不理想。我甚至试过赌狗，就是一群猎狗绕着圈子追逐一只机械兔子，看上去很有趣，你还能碰上些大人物，其中有些人甚至很有名。

你知道吗？再怎么想，这都不是一个好主意。在我下注的狗抓住兔子之后，我都不认为这种方法适合我。我下注的狗在第一圈就被别的狗踩上了，它起跑之后就跑错了方向。不幸的是，机械兔子以每小时 96 公里的速度绕着跑道疾驰，而我所信任并为之下了赌注的小家伙却跳着朝奔它而来的兔子冲了上去……我们只能说这不是一件好事（好吧，你可能关心结果怎么样：这只狗全速撞上了以每小时96公里疾驰的兔子，被抛到9米高，悲剧性地败下阵来。也就是说，我损失了所有的赌注）。[①]

不管怎样，我们已经为你的资金找到了多种可能的投资途径（尽管我相信这些投资可能获利甚微）。让我们再看一种方法：投资一家小企业会怎么样？贾森总有一天会长大，他可能会开设自己的口香糖商店。更好的情况是，他可能会开设一批商店（就是我们通常所说的“连锁店”），这些商店的名字可能很吸引人，如“贾森口香糖店”。

让我们设想一下，贾森以他独特的口香糖销售方式亲自培训所有的销售人员，而且他的连锁店经营得很成功（这很有可能）。现在贾森找到你，想把他的企业卖一半给你（他想买一副新的太阳眼镜、一辆真正的豪华轿车，还可能为他自己和幸运的贾森太太买一栋房子）。现在，他想卖个大价钱，我们需要认真考虑一下，然后才能决定是否接受贾森的出价。

结果怎么样？贾森确实长大了，不再是骑摩托车到处兜风

① 是的，狗还活着。

的他了，他给这一半的企业标价600万美元。当然，600万美元大大超过了我们的承受能力，贾森并不打算把他的一半企业卖给一个人。事实上，贾森决定把他的企业等分为100万份，或称“股”（就像华尔街所称的那样）。贾森决定自己留下50万股，并以每股12美元的价格出售另外50万股，总价600万美元。任何对贾森企业感兴趣的人都可以买上1股（12美元）、100股（1 200美元）、1 000股（12 000美元），或任何他们想买的份额。

举例来说，如果你想用12万美元购买1万股，那么你将拥有贾森口香糖店的1%（1万股除以总共的100万股）。这1%并不意味着你拥有贾森连锁店中的留兰香型口香糖部门或其中的一家小店铺，你拥有的1万股，或者说贾森口香糖店1%的所有权，意味着你将能获得贾森口香糖店未来收益的1%。当然，现在你要决定，以12万美元购买贾森未来口香糖店利润的1%是否划算。（这就是我们的分析稍微复杂的地方：我们必须慢慢“嚼”出钱来。）

值得庆幸的是，贾森为我们提供了大量信息。既然贾森想把口香糖店以每股12美元的价格进行出售，总共有100万股，这就意味着，贾森认为他的企业值1 200万美元（他的企业的

1%值 12 万美元）。这很好，可是老兄，关键是我们认为他的企业值多少。下面，让我们看看贾森给出的其他一些信息。

前一年，贾森成功地通过 10 家贾森口香糖店售出了价值 1 000万美元的口香糖。当然，这 1 000 万美元只是贾森商店的销售额，而不是获得的利润。显然，贾森的商店还要有一些其他费用，包括口香糖的成本，大概是 600 万美元。这似乎表明他赚取的利润是 400 万美元，等一下，我们还没算完呢。

贾森不仅要为他的 10 家店铺支付租金，还要支付店员的工资。这些人负责出售口香糖，打扫店铺，并保持商店的平稳运营。另外，他还需要支付电费、取暖费、垃圾清运费、财务费用及各种各样的行政费用（这样，贾森才能够保持资金正常流动，保证口香糖供销渠道畅通无阻），你必须要把所有这些费用都算进去。这样，就要从收入中再扣除 200 万美元。但正如你想象的，事情还远远没有结束。

贾森的企业还要纳税。政府需要资金为国民提供服务，有赢利的企业必须纳税以保证政府的运转。在这种情况下，贾森口香糖店需要缴纳的税额应该是收入的 40%（很多美国企业都是这个标准）。这样，贾森口香糖企业必须在前一年赢利200万美元的基础上，向政府缴纳40%的税。200万美元的40%是80万美元，这样，最终留给贾森口香糖店的纯利润就是120万美元。

事实上，贾森用一张极为清晰的表格为我们提供了前一年收入的所有信息，这种表格称为“利润表”（见表3-1）。

表3-1　贾森口香糖店利润表（过去12个月）

总销售额	10 000 000美元
所售商品成本（即口香糖成本）	-6 000 000美元
毛利润	4 000 000美元
销售费用、一般费用和行政费用	-2 000 000美元
税前收入	2 000 000美元
税额（税率为40%）	-800 000美元
净收入	1 200 000美元

你已经看到了。贾森口香糖店前一年的纯利润是120万美元。贾森认为自己的企业值1 200万美元，他想向我们出售其中的一部分，不论人们购买多少股，最终他将出售全部的一半。例如，600万美元可以购买一半，120万美元可以购买10%，12万美元可以购买1%，100万股中的1股售价将为12美元。我们买不买呢？简单地说，让我们先来看看这12美元的1股能

给我们带来什么吧。

好，贾森已经把它的企业均分为100万股。这就意味着，如果整个企业的赢利能达到120万美元，每1股的收益就是该份额的一百万分之一，用120万除以100万，就得到1.2美元。花12美元得到的1股会带来1.2美元的收益。这是一笔好买卖吗？让我们这样看：如果我们投资12美元买贾森的1股股票，它将在第一年中为我们带来1.2美元的收益，我们在第一年中获得的投资收益率为：

$$1.2\text{ 美元} \div 12\text{ 美元} = 10\%$$

第一年就得到10%的投资收益！很不错，不是吗？在第二章我们讨论过，我们的年收益至少要高于利率为6%的10年期美国政府债券。这是因为购买这些债券可以使我们在不冒任何风险的情况下获得6%的收益。10%的收益显然比6%要多，但是，为了赚取1.2美元而花费12美元值得吗？

生活并非如此简单（我们将在以后的章节中进一步体会到）。为了有个更好的开始，在做决定之前，我们需要再考虑一些事情。

首先，每股1.2美元的赢利是贾森口香糖店前一年的业绩。我们必须考虑这个企业在明年是否还能获得如此多的利润或更多的利润，当然，也可能会更少。前一年较好的赢利情况可能会为下一年带来良好的开端，也可能不会。如果贾森口香糖店第二年未能取得每股 1.2 美元的赢利，这个企业就不能给我们带来 10% 的回报。我们投入的 12 美元，其收益率可能高，也可能低。

其次，除了预计贾森的企业在下一年的赢利情况，我们还需要考虑对自己预计的情况有多大把握。如果我们只是胡乱猜想，却不知道口香糖的销售是否能够一年比一年稳健，贾森连锁店是否只是流行一阵子，来自其他糖果店的竞争是否会影响到贾森口香糖店的利润，那我们的预期就值得怀疑。我们必须理智地对待这个问题，即使我们不能肯定每股收益是 1.5 美元，还是 2 美元——那很好，不管哪个数字都表明贾森企业的收益率要超过每股 12 美元的 10% 。而如果我们不能确定收益是每股 20 美分还是 1.2 美元，那么，从政府债券中获得固定的 6% 的收益看来就是更好的选择。

我们还没有考虑第三个细节，这就是明年只意味着一年。即使贾森口香糖店明年能为我们带来每股 1.2 美元的收益（也许更多或更少），但以后的年份又会怎样呢？收入会逐年增长吗？也许每家连锁店的销量都会逐年递增，收入也会依次增加。

也许10家连锁店的经营能带来每股1.2美元的收益，几年后就会是20家连锁店，收益达到每股2.4美元，甚至更高。当然，口香糖店也可能在后几年中走下坡路，使赢利长期保持在每股1.2美元以下，甚至更糟糕……

好吧，我能感觉到，你一定开始忧心忡忡了。这些运算比较难。你怎么能把以后的情况都算出来呢？有人能做到吗？即使你尽了最大的努力，我能期望你（或我的孩子们）把自己的资金赌在一系列的猜测和估计上吗？是呀，不是已经有大批的工商管理学硕士、博士、聪明的财务专家以及职业投资分析师正在分析同样的情况吗？更不要说那些专职的资金管理人了。年轻的你怎么能与那些聪明勤奋、经验丰富的专业投资者竞争呢？

好吧，请静下心来，你认为我的话没有任何道理吗？保留些信心，不要灰心。我会做一个总结，告诉你应当记住的要点，然后我们再往下进行，我会尽力帮助你。

以下就是你必须掌握的要点。

小结

1. 购买企业的股票就意味着购买企业的一部分（或一定的利益），因此你有权获得该企业未来收益的一部分。
2. 计算一家公司的价值应考虑这家公司今后的赢利情况。
3. 你所购买的股份带来的赢利应该高于你用同样资金购买的10年期美国政府无风险债券所获得的收益。（记住：在上一章中说过，即使政府债券的收益率低于6%，我们也仍以6%为基准。）
4. 是的，我还没有忘记神奇公式，你也不必一直央求我告诉你这个公式，好吗？

THE LITTLE BOOK
THAT STILL BEATS THE MARKET

第四章

价格、价值和安全边际

衡量一家企业的真正价值并不容易，在经过大量的猜测和推算之后，你可能会得到正确答案，也可能不会。如果你能发现一家公司的实际价值，你是否需要利用该信息做些事情呢？是否真有可能像我在第一章中说的那样，以其实际价值的一半买下一家企业？有可能花 500 美元买到价值 1 000 美元的公司吗？肯定有。但是，先让我们在商学院里待上几分钟。

在过去的 14 年中，我一直在一所常春藤盟校的大学中为一些商学院的研究生教授投资课程。毋庸置疑，这是一群聪明的学生。每年，在第一天上课的时候，我都会走进教室，打开报纸上的财经版，那里通篇都是密密麻麻的数字表格。这些表格列出了一大批公司的名字，每个公司的后面都跟着一连串的价格。

我让学生说出一家知名大公司的名字，他们大都会说出诸如通用电气、国际商业机器公司（IBM）、通用汽车、A&F（美国服装公司）等公司。事实上，学生们说出哪家公司并不重要，因为几乎任何行业中的公司，不论大小，知名还是不知名，都会在报纸上刊登出来。

我看着通用电气后面的数字并将它们读出来："通用电气昨天的股价是每股 35 美元，前一年最高达到每股 53 美元，最低为每股 29 美元。

"至于 IBM，也是一样。你昨天可以以每股 85 美元的股价买入。前一年，IBM 的股价最高达到每股 93 美元，最低为每股 55 美元。

"通用汽车昨天的股价为每股 37 美元，前一年的股价介于每股 30 ~ 68 美元之间。而 A&F 公司昨天的股价是每股 27 美元，前一年的股价介于每股 15 ~ 33 美元。"

接着，我指出这些股价的变化幅度是很大的，而如此大的变化竟发生在很短的时间内。如果我们考察一下两三年间股价的变化情况，我们就会看到股价的变化幅度更大。

下面是我经常提出的问题：为什么会这样？现在有许多知

名的大公司，都将其股权平均分为上百万份（有时甚至是上亿份），就像贾森的口香糖店一样。一开始，公司将股份出售给公众（包括个人和大型机构投资者）。其后，他们会自由地将股份卖给任何他们想卖的人。

> 买卖股份的行为可以在交易所里进行，也可以在网上进行，这种股份即为股票，买卖活动集合在一起就构成了股市。

报纸每天都会刊登成千上万家公司的名字和人们买卖股份的价格。买卖股份的行为可以在交易里所进行，也可以在网上进行，这种股份即为股票，买卖活动集合在一起就构成了股市。

像 IBM 或通用汽车这样的大公司可能会将股权平均分为上亿份，这意味着如果在一年中的某个时刻，你能以每股 30 美元购买到通用汽车的股票（为方便起见，我们假设通用汽车将股权平均分为 10 亿份），那么购买整个公司（全部 10 亿股）的价格就是 300 亿美元。但是，在同一年的其他时刻，通用汽车的每股售价也可能涨到 60 美元，这就意味着购买通用汽车全部股份的花费需要 600 亿美元。

所以，我再次提出这个问题：为什么会这样？通用汽车，这家北美最大的汽车制造商，其价值真的会在同一年中发生如此巨大的变化吗？一家大公司真的能在一天里价值300亿美元，而仅仅几个月之后就价值600亿美元吗？是它们出售了比以往多出一倍的汽车，所以挣到了两倍的钱，还是商业运作上的巨大改变使公司的价值相应地发生了变化？当然，这种情况是可能发生的。但又怎么解释发生在IBM公司、A&F公司以及通用汽车公司股价上的巨大变化呢？对大多数公司来说，是否每年都有重要事件发生才导致了价值的巨大变化呢？

记住，每年的结果都是相同的。不论我的学生提到哪些公司，它们在一年间从最高到最低的价格变化都是巨大的。这些变化真能反映出价值的变化吗？为了节省课堂时间，我通常会直接抛出答案。不能！每年，大多数公司的价值从高到低，或从低到高的急剧变化都是不可能反映出价值变化的。另外，似乎很明显的是，大多数公司的股价每年都会有急剧变化，而你所要做的就是从报纸上接受这些事实。

所以，我要求这些聪明的学生们试着解释这一切：为什么这些公司的股价每年的变化会如此巨大，而公司实际价值的变化却并没有那么大？这是一个好问题，我通常会让学生们花些时间来进行详尽的解释或进行相关的论证。

这个问题确实非常好，它让教授们从经济学、数学和社会学的角度对其进行了广泛的研究。更令人难以相信的是，多数学术工作都涉及这样的问题，即为什么显然没有意义的事情在实际上却是有意义的。你必须认真对待这个问题。

为什么在企业的实际价值没有发生变化的情况下，股价会发生如此巨大的变动呢？

也许人们不够理智，也许预测未来的收入是一件很难的事，也许不容易决定什么是公正的投资收益率，也许人们有时情绪不高，不想花大价钱买东西，而有时又会很兴奋地想大把花钱。人们可能在高兴的情况下，对未来收益做出较高的预测，从而抬高股价；而在不高兴的时候，就会对未来收益做出较低的预测，从而压低股价。

正如我所说的那样，人们可能不够理智（我倾向于这种说法）。事实上，我并不需要知道人们为什么会在极短的时间内，以不同的价格去买卖那些公司的股票。我只需要知道他们确实是在这样做！为什么这一点对我们有帮助呢？让我们想想吧。

假设你认为某家企业（如贾森口香糖店）的股价应为每股 10～12 美元，在一年中的不同时间内，该股票的价格可能会在每股 6 美元到 11 美元之间波动。如果你对这家企业实际价值的预计很有信心，那么在股价接近 11 美元的时候，确实很难决定是否应该买入。但如果该公司的股价在同一年中大约降到 6 美元时，你就很容易做决定了！在股价为 6 美元的时候，如果你的预计价值接近准确，你就可以拿 50 美分或 60 美分当 1 美元（实际价值的 50% 或 60%）来购买贾森口香糖店的股份了。

最伟大的股市评论家及思想家之一本杰明·格雷厄姆曾这样认为：想象一下你与一位叫作“市场先生”的狂人共同拥有一家企业。市场先生的情绪一直不稳定，每天他都会以特定的价格向你出售或购买股份。市场先生经常会让你自己做决定，你每天可以有 3 个选择：你可以按市场先生的价格向他出售你的股份，可以以同样的价格向市场先生购买股份，也可以既不买也不卖。

有时，市场先生的情绪比较好，他给出的价格会比企业的实际价值高很多。在这些日子里，向市场先生出售你的股份似乎更划算。在别的日子里，市场先生情绪低落，给出了极低的价格，这时，你一定想利用市场先生要以低价卖给你股份的疯狂决定，购买他所持有的股份。如果市场先生的定价既不高也不低，你可能就会选择原地不动了。

真实的股市就是这样运作的，这个股市就是市场先生！如果根据当天的报纸，通用汽车的股价为每股 37 美元，那么你有

> 格雷厄姆认为，当一家公司的股票以极大的折价进行买卖的时候，投资该股票就有了安全边际。当决定是否从市场先生那样的疯狂合作者手中购买股份时，利用安全边际原理是获取安全可靠的投资回报的秘诀。

3个选择：你可以以每股37美元的价格购买通用汽车的股票，也可以以这一价格出售你手中的股票，或者什么也不做。如果你认为通用汽车每股的实际价值为70美元，你一定会觉得37美元是一个不可思议的低价位，因此会买上一些。如果你认为通用汽车的实际价值只有每股30美元或35美元（你正好拥有这家公司的一些股票），你可能会决定以每股37美元的价格向市场先生卖出你的股份。如果你认为通用汽车每股的实际价值为40～45美元，你可能决定什么也不做。股价在37美元的时候，既不会产生很大的折价空间促使你去购买，也不会产生很大的赢利空间促使你去出售。

简而言之，你不必依照他人的要求行事。在市场先生提供的价格足够低（当你决定购买一些股票的时候）或足够高（当你想出售一些股票的时候）的情况下，你自己就可以决定怎么做。

格雷厄姆认为，当一家公司的股票以极大的折价进行买卖的时候，投资该股票就有了安全边际。在你所估计的每股的实际价值（如 70 美元）和你实际购买的每股的实际价格（如 37 美元）之间，就存在着一个投资的安全边际。即使你对通用汽车这种公司每股的实际价值估算过高，或在你购买股票后，汽车业发生始料未及的滑坡，这个安全边际也可以确保你的资金不会有太大的损失。

即使你最初估计每股的价格为 70 美元，而实际上每股价格 60 美元或 50 美元更接近股票的实际价值，以 37 美元的股价购买的股票仍然会让你有足够的空间来获得投资回报！格雷厄姆认为，当决定是否从市场先生那样的疯狂合作者手中购买股份时，利用安全边际原理是获取安全可靠的投资回报的秘诀。事实上，历史上一些最伟大的投资家在进行股票投资时都会考虑安全边际并将股市（即市场先生）当作自己的合作伙伴。

可是，等一下！这里还有一个问题。哦，也许还有一些问题呢。第一，正如我们所讨论的，你怎么才能了解一家企业的实际价值呢？如果你不了解一家企业的实际价值，你就不能用它除以目前股票的份额，就不知道每股的价格应当是多少。因此，即使通用汽车的股价升降的幅度很大——在某一天是 30 美元，几个月后又变为 60 美元，你还是不知道哪个价格低，哪个价格高，或是两个价格都低，或是两个价格都高。简而言之，从目前我们所掌握的看，即使眼前出现了一个理想的价位，你还是认不出它。

第二，如果你能算出股票的合理价格或价格变动范围，你怎么才能知道它是否正确地反映了企业的价值呢？记住，在计算企业价值的过程当中，你只能做一系列的猜测和估计。这些估计包括预计一家企业多年之后的赢利状况，这项工作即使是专家们做起来都有难度。

第三，正如我们已经提到的，不是还有那么多聪明能干的人正在做这些工作吗？不是有大量的股票分析师和专业投资人士正在花费大量时间计算各家公司的实际价值吗？虽然我能教会你如何投资，但那些聪慧、知识渊博且经验丰富的人不是会做得更好吗？这些人就不会抢先一步获得这些明显的利益吗？你怎么能和这些人竞争呢？你所做的就是买一本书，一本即使是十几岁的年轻人也可以学习如何在股市里赚大钱的书。这样做有用吗？你能有什么样的机会呢？

即使一个理智的人可能现在也开始感到有些糊涂了。但是你买这本书的钱并没有白花！我的牌还没出全呢，至少我们现在已经了解了一些事情。不管怎么说，记住下面的结论。

小结

1. 股价在短时期内会发生剧烈的变动，这并不意味着公司的价值同期也发生了相应的变化。事实上，股市的运作方式和那位叫作市场先生的狂人一样疯狂。
2. 能以远低于你估计的价格买入一家公司的股票当然是一个好主意，在较大的折价基础上购买股票会为你提供较大的安全边际，为你带来持续稳定的投资收益。
3. 根据我目前所告诉你的，即使你眼前出现了一只价格合理的股票，你也认不出来。
4. 既然我的牌还没有出全，你最好接着往下读。

THE LITTLE BOOK
THAT STILL BEATS THE MARKET

第五章

股票收益率与资本收益率

我喜欢看电影，《龙威小子》（*The Karate Kid*）是我最喜欢的电影之一。当然，我也喜欢那些能够一边吃着爆米花等零食，一边欣赏的文艺节目。在这部电影中，有一个情节对我来说具有非同一般的意义。男孩丹尼尔刚到学校，就被那些学过空手道来的恶棍欺负了一番。丹尼尔希望通过学习空手道对付那些欺负他的人，并赢得他的梦中女孩的芳心，但他的师傅、空手道大师宫城先生却没有教丹尼尔空手道，只是让他干活　给汽车打蜡、粉刷栅栏、打磨地板。

可怜的丹尼尔一直在辛勤地劳作：打蜡、粉刷、打磨。这个年轻人终于受够了，在一次见到宫城先生时，他就问：“你为什么要让我浪费时间做这些琐碎的杂活儿，却不教我学空手道?”宫城先生让正在打磨地板的丹尼尔站起来，而他一边喊着“上蜡！打蜡”!，一边开始向男孩进攻，丹尼尔不由自主地用长期打蜡形成的习惯动作还击。接下来，宫城先生又喊着“刷栅栏”，同时向他猛击过去。再一次，丹尼尔用他刷栅栏时的习惯动作还击。同样的，宫城先生的空手道踢腿也被丹尼尔用常练习的打磨地板的动作挡住了。

事实上，通过学习这些极为简单的技能，丹尼尔在不知不觉中成为空手道大师。在好的电影里，观众总是坚信不可能的事情会发生。换句话说，我们本来知道拉尔夫·麦奇奥，这个在电影中扮演丹尼尔的演员，并不能真的使用打蜡的动作对付漆黑巷子里的歹徒。在真实世界中，麦奇奥先生可能还没使完第一招，就会被击中脑袋，像一袋土豆那样倒在地上。但由于我们被电影情节深深地吸引住了，我们时刻都在希望宫城先生那几个简单的招数就能创造奇迹。

好，我现在也请你相信不可能发生的事情会发生。这并不是因为你要学的东西没有用处，相反，本章提出的两个概念既简单又显而易见。正是由于这两个概念如此简单，你反而不会轻易相信如此简单的工具就可以使你成为股市行家。现在，请集中注意力，我保证你的头不会挨打。

上次提到我们故事的主角贾森的时候，他正在让我们考虑他那令人兴奋的提议。他的提议很简单：我们是否愿意购买他那经营得极为成功的贾森口香糖店的一部分。（你想买，你知道你想买……）虽然贾森十分愿意把他的企业的一部分卖给我们，但我们要想给出一个答复却并非那么简单。

通过查看贾森提供的利润表，我们看到贾森的 10 家口香糖连锁店前一年的赢利是 120 万美元，很不错。由于贾森将他的企业均分为 100 万份，我们可以计算出每股收益应该是 1.2 美元（120 万美元除以 100 万股）。贾森开出的价格是每股 12 美元，这样根据前一年的赢利，贾森口香糖店可以给予每股 12 美元 10% 的回报（1.2 美元除以 12 美元）。

以本年度的每股收益除以股价得到的 10%，就是我们通常所说的股票收益率。我们可以把投资贾森企业得到的 10% 的收益率与投资 10 年期美国政府无风险债券得到的 6% 的收益率进行一下比较。我们可以轻而易举地得出结论，每年 10% 的投资收益率要比 6% 好得多。然而，尽管我们没有深入分析，但还是遇到了不少问题。

首先，尽管贾森口香糖店前一年的每股赢利是 1.2 美元，但下一年的赢利状况则可能完全不同。如果贾森企业下一年的每股赢利低于 1.2 美元，我们的投资收益将达不到 10%，也许我们购买 6% 的政府债券，日子会更好过一些。其次，即使贾森公司在下一年的每股赢利确实能达到 1.2 美元，甚至更多，但这也只是一年。我们怎么能永远知道贾森口香糖店在以后年头里的赢利状况呢？有可能每股赢利会比 1.2 美元多，也可能更少。我们的收益率可能会降到 6% 以下，大大低于无风险的美国政府债券收益率。最后，即使我们预计了未来的收益状况，我们又如何确信这一预测会成为现实呢？

简而言之，我们所有的问题其实都归结于一点：预测未来是一件很难的事情。如果我们不能预测一家公司未来的收益状况，我们就不能确定该公司的价值。如果我们不能确定公司的价值，当市场先生有时做出疯狂的举动，给出不可思议的低价格时，我们就不会意识到。与其关注那些我们不知道的事情，还不如让我们看看我们都知道的情况。

正如我们所讨论的，贾森口香糖店前一年每股的赢利是 1.2 美元，每股的价格是 12 美元，我们的收益率就是 1.2 美元除以 12 美元，等于 10%，很简单吧。但如果贾森口香糖店前一年每股的赢利是 2.4 美元呢？如果我们依然能以 12 美元的价格买入，那样我们的收益率会怎样呢？好，2.4 美元除以 12 美元就是 20%。因此，如果贾森口香糖店前一年的每股收益是 2.4 美元，每股价格还是 12 美元，收益率就是 20%。如果贾森口香糖店前一年的每股收益是 3.6 美元，股价还是 12 美元，那么收益率就是 30%！这下简单了。

现在让我们仔细分析一下。本章有两个要点，下面的问题决定你是否能够明白第一个要点。在所有条件都一样的情况下，如果让你以 12 美元的价格买入 1 股贾森口香糖店的股份，你希望是哪种收益结果呢？你希望贾森口香糖店前一年每股的收益是 1.2 美元、2.4 美元，还是 3.6 美元呢？换句话说，你希望前一年的收益率是 10%、20%，还是 30% 呢？想一想。如果你回答说 30% 显然要比 20% 或 10% 好，那就对了。这就是第一个要点——你愿意要高收益率，而不是低收益率。相对于你付出的购买价格来说，你希望企业的收益率越高越好。

> 我们所有的问题其实都归结于一点：预测未来是一件很难的事情。如果我们不能预测一家公司未来的收益状况，我们就不能确定该公司的价值。

理解这一点并不难。现在来看本章的第二个要点，它的着重点与第一个要点有所不同。第一个要点与价格相关：与投资相比，我们的收益是多少。换句话说，我们买得是不是划算？但除了价格，我们可能也希望对公司本身的情况有所了解。简单地说就是，我们买入的投票究竟是属于一家好公司，还是一家差公司？

当然，我们有很多方式判断一家公司的经营是好还是坏。例如，我们可以了解该公司的产品和服务质量、顾客忠诚度、品牌的价值、经营的效率、管理层的才智、竞争者的实力以及公司的发展远景等。显然，这其中任意一项或多项标准，都有助于评价我们买入的是一家好公司还是差公司的股票。所有这些评价还涉及猜想、估算以及预测。正如我们原先认同的，这项工作确实很难完成。

显然，重新考虑我们已经知道的东西是有意义的。我们还是不要只做猜测，还是去看一看前一年的情况吧。例如，我们可能会发现贾森前一年新增了若干家口香糖店，其中每家投入40万美元（包括仓库、店面装修等），而每家店前一年都为他赚取了20万美元。这就是说，至少在前一年的基础上，贾森口香糖连锁店中的一家店铺就能在40万美元的投资基础上得到20万美元的收益。那么，在最初投资的基础上，开设一家口香糖店的年收益率为50%（20万美元除以40万美元）。这一结果通常被称为50%的资本收益率。不管其他情况怎么样，投资一家 40 万美元的商店每年能赚取 20 万美元，听起来就是一家不错的公司。

现在假设贾森的一个朋友金波也拥有一家连锁店，你有机会购买金波的花椰菜连锁店的股份，而金波开设一家新店也需要投入 40 万美元。但前一年金波的每家店的赢利只有 1 万美元。投入 40 万美元的店铺一年的收益为 1 万美元，一年的回报率是 2. 5%，或者说资本收益率是 2. 5%。问题的关键在于：哪家公司经营得更好？是贾森口香糖店（每家店铺投入 40 万美元，前一年的收益为 20 万美元），还是花椰菜连锁店（每家店铺投入 40 万美元，前一年的收益为 1 万美元）呢？换句话说，哪家公司的情况听起来好一些，是资本收益率为 50% 的，还是资本收益率为 2. 5% 的呢？当然，答案是显而易见的。这就是第二个要点，你宁愿拥有一家资本收益率高的公司，而不愿拥有一家资本收益率低的公司。现在就打蜡（或粉刷栏杆、打磨地板，总之随你）吧。[①]

下面是最重要的。记得我说过只用两个简单的工具，你就能成为一名“股市大师”吗？相信我吧，你就是股市大师。

---

① 要想知道金波应当怎样做，请看本章末尾的加框文字。

如何成为股市大师呢？你将在下一章中看到，如果你一直坚持购买质优（资本收益率高）价低（股票收益率高）的股票，你最终就能买到市场狂人决意要出手的好股票。你所获得的投资回报将让那些最好的投资专家（包括我所知道的最精明的专业投资者）大跌眼镜。你能击败顶尖的教授，让那些学术研究成果汗颜。事实上，你能获得的比股市的年均投资回报率翻一番还多。

还有，你可以自己完成这一切。你可以在低风险的情况下做到这一切。你可以不做任何预测就做到这一切。你可以利用一个简单的公式做到这一切，而这个公式只是利用了本章学到的两个基本概念。你可以在今后的生涯中一直使用这一公式——你可以在确信该公式确实有效的情况下使用它。

这令人难以置信吗？

好，我会证明给你看。你要做的就是花点儿时间来阅读并理解，这个简单的方法之所以奏效的唯一原因就是它本身的合理性。但首先我们还是像之前那样，来做一个总结。

小结

1. 以低价买入一家企业的股份是一件好事。要想做到这一点，一种方法是购买相对于你的买入价格来说收益率高，而不是收益率低的企业。换句话说，高收益率要好于低收益率。
2. 买进一家好企业的股份要好于买进一家差企业的股份。要想做到这一点，一种方法是购买一只资本收益率高的股票，而不是买入一只资本收益率低的股票。换句话讲，资本收益率高的企业要好于资本收益率低的企业。
3. 综合以上两点，以低价买入好企业的股票是赚大钱的诀窍。

还有最重要的：

4. 别把钱投资给金波那样的家伙们。

事实上，除非金波确信花椰菜连锁店在接下来的几年中有更高的收益（这显然涉及对未来的预测），否则很显然，金波的公司的情况并不乐观，他不应该开设花椰菜连锁店。如果他花40万美元开设一家新店，而这只能为他带来每年2.5%的收益率，同时他还可以购买美国政府的无风险债券，这会带给他6%的盈利，那他有什么必要开设自己的店铺呢？如果开设花椰菜店，那金波就是在往外扔钱！（尽管他能从开设的新店中得到2.5%的收益，但实际上他把自己能从美国政府的无风险债券中多赚到的3.5%的收益给扔掉了！）

第六章

你要做的就是选择质优价低的股票

好，现在就让我们来看一看神奇公式吧！当然，你可能认为这个公式不管用、太难学或者这本论述神奇公式的书有些问题。但如果连本杰明·格雷厄姆这样在投资界受人尊重且具有影响力的人物，这位将市场先生和安全边际概念介绍给我们的人也在论及并使用他自己的神奇公式，这是否会令你觉得好一些呢？当然，他并不是真的把它称为神奇公式。格雷厄姆感到大多数个人投资者，甚至很多专业投资者，在预测公司发展情况和分析公司的投资前景时都会感到很棘手。格雷厄姆认为，通过分享一个经过证明的简单合理的公式，个人投资者就能够在较安全的情况下获得优厚的投资收益。

> 在多年成功地使用该公式之后，格雷厄姆证明，一个能够明显发现低价股票的系统，能够带来安全和稳定的投资回报。

格雷厄姆的公式包括购买股价极低的公司的股票，其价格甚至低于该公司破产时的价格，或者是大减价销售时的价格（他以不同的名字称呼这些股票，如特价股、净流动资产股票，或低于净清算价值股票等）。格雷厄姆认为这似乎“简单得无须多言”，如果有人能够严格按照他的公式要求，以低价买入20~30家公司的股票，那么他不需要再做任何其他的分析，就能获得“令人十分满意的收益”。事实上，格雷厄姆利用这一公式在过去的30年里获得了极大的成功。

不过，这一公式是在许多股票价格极为低迷的时候形成的。在1929年的股市崩溃和经济大萧条之后的几十年里，投资股票被认为是一种风险极大的活动。由于害怕自己的资金会再次遭受损失，多数投资者不愿意对股市做出很高的评价。尽管格雷厄姆的公式在很多年间，尤其是股票价格极为低迷的时期一直很见效，但在今天的市场上，严格符合格雷厄姆的公式最初要求的股票已经很少了。

不过这没关系。在多年成功地使用该公式之后，格雷厄姆证明，一个能够明显发现低价股票的系统，能够带来安全和稳定的投资回报。格雷厄姆认为，如果市场先生愿意以严格符合公式的低价卖给他一组股票，一般来说，他最终会获得一篮子低价的股票。当然，其中一些股票的低价格会出现调整。一些公司的股票只能是低价，因为它们的发展前景不乐观。但一般来说，格雷厄姆认为使用他的公式所购买的低价股票，正是市场先生以不可思议的低价位出售的股票。格雷厄姆指出，通过购买低价股票，投资者可以安全地赚取高回报，而不必担心买了几只较差的股票，也无须对个股做复杂的分析。

当然，这就留给我们一个挑战。我们能否发现一个新的公式，以较低的风险战胜市场上的多数人呢？我们能否找到一个不需要考虑市场的整体水平，而且不仅在今天的市场上，也能在未来的市场上发挥作用的公式呢？正如你能猜到的，我们能。事实上，你已经知道答案了！

在上一章里，我们已经知道，在条件相当的情况下，如果我们可以选择买入一只股票收益率高的股票（相对于买入价来说，回报较高），也可以选择买入一只股票收益率低的股票

（相对于买入价来说，回报较低），我们当然会选择买入股票收益率高的股票。我们还知道，在条件相当的情况下，如果我们可以选择买入一家资本收益率高的公司（即相对于该公司的店铺或工厂的投入成本来说）的股份，也可以选择买入一家资本收益率低的公司（即相对于该公司的店铺或工厂的投入成本来说，如花椰菜公司）的股份，我们当然会选择买入资本收益率高的公司的股份。

接下来的问题是，如果我们只是决定买入股票收益率和资本收益率都高的公司股份，会出现什么情况呢？换句话说，如果我们决定只买入好企业（资本收益率高）的股份，而且只在它们价格最低（能给我们带来高股票收益率）的时候买入，会出现什么情况呢？好吧，我来告诉你会怎么样：我们会赚一大笔钱！（或者像格雷厄姆所说的那样："赢利十分可观！"）

但在现实世界中能够出现像这样简单又明显的情况吗？为了回答这个问题，符合逻辑的第一步就是回过头来，看看以低价买入优质企业股票的方法在过去的效果如何。结果显示，遵循一个简单而又符合常识的投资策略事实上是非常见效的。

在 1988 ~ 2004 年的 17 年里，如果你拥有大约 30 种股票的投资组合，而这些股票都是资本收益率和股票收益率高的股票，那么，每年的收益将达到 30.8%。按照该收益率投资 17 年，1.1 万美元会变成 100 多万美元。（更多近期结果见后记）① 当然，对有些人来说，可能赚不到这么多钱，那我们只能说这些人太笨了！

在这 17 年中，市场的年平均收益率大约是 12.3%。即使在这样的速度下，1.1 万美元还是可以变为令人振奋的 7.9 万美元。尽管这已经是一大笔钱了，但 100 万美元更多！你可以在风险大大低于投资整个市场的情况下赚到这 100 万美元。我们过一会儿再详细讨论这一问题。

现在，让我们看一看神奇公式是如何构成的，这样我们就可以明白为什么这一简单公式能够这样奏效，为什么它能够在将来也照样奏效。然后，我们再来一步步地了解如何运用这一神奇公式去发现成功的投资方式。不过请记住，公式的组成并

---

① 神奇公式研究中所使用的特别数据库（Compustat 的“时点”数据库）包括了过去 17 年（截至 2004 年 12 月）的所有数据，其中包括 Compustat 的客户在每次买入股票时所得到的准确信息。以每年 30.8% 的收益率连续投资 17 年，1.1 万美元将增长 96 倍，达到 105.6 万美元（税前收入）。

不是最重要的，电脑会完成大部分的工作。如你在第一章中读到的，重要的是你要相信这一神奇公式能够在将来长期奏效的道理。那么，现在就让我们来看看神奇公式是如何选择质优价低的股票的。

首先，该公式包括一个在美国一家主要股市上交易的3 500家最大公司的名单。该公式根据资本收益率，将这些公司从第1至第3 500位进行排序。资本收益率最高的公司排在第1位，资本收益率最低的公司（可能实际上是亏损的公司）排在第3 500位。依此类推，资本收益率为第232位的公司当然是排在第232位。

其次，该公式仍然采用排序法，但这一次是按照公司的股票收益率进行排序。股票收益率最高的公司排在第1位，股票收益率最低的公司排在第3 500位。依此类推，在我们的3 500家公司名单上股票收益率为第153位的公司排在第153位。

最后，该公式将这两个排名综合在一起。该公式不是要找到资本收益率最高或者股票收益率最高的公司，而是要找到将这两个因素进行最佳组合的公司。一家资本收益率排名第232位，股票收益率排名第153位的公司，它的综合排名是第385位（232+153）。如果一家公司资本收益率排名第1位，而股票收益率排名第1 150位，那它的综合排名将是第1 151位（1 150+1）。[①]

如果你对数字不敏感，别担心。只要记住，综合排名最靠前的公司就是两个因素结合得最好的公司。在这一系统中，资本收益率排名第232位的公司可能会超过资本收益率排名第1位的公司。为什么？因为我们可以以低价买入资本收益率排名第232位（一个很不错的排名）的公司，从而给我们带来很高的股票收益率（股票收益率排名第153位）。在两种排名中都表现优秀的公司（可能其中一种排名并不是第1位），其综合排名将好于仅在一种排名中表现突出而在另一种排名中表现较差的公司。

很简单，对吧？但情况并不如此简单！排名位于前30位左右的股票真的就能有如此好的投资成果吗？仔细想一想。如果在过去17年里，我们完全按照神奇公式的建议去操作（见表6－1），那我们的收益会怎样？

---

① 排名第385位当然要更好一些。

表 6-1 神奇公式的效果

年	神奇公式	市场平均①	标准普尔 500 指数
1988	27.1%	24.8%	16.6%
1989	44.6%	18.0%	31.7%
1990	1.7%	(16.1%)	(3.1%)
1991	70.6%	45.6%	30.5%
1992	32.4%	11.4%	7.6%
1993	17.2%	15.9%	10.1%
1994	22.0%	(4.5%)	1.3%
1995	34.0%	29.1%	37.6%
1996	17.3%	14.9%	23.0%
1997	40.4%	16.8%	33.4%
1998	25.5%	(2.0%)	28.6%
1999	53.0%	36.1%	21.0%
2000	7.9%	(16.8%)	(9.1%)
2001	69.6%	11.5%	(11.9%)
2002	(4.0%)	(24.2%)	(22.1%)
2003	79.9%	68.8%	28.7%
2004	19.3%	17.8%	10.9%
平均收益率	30.8%	12.3%	12.4%

① “市场平均”收益是指 3 500 种股票的权重都相等，即指数中的每只股票对收益的贡献都相等。标准普尔 500 指数是指以市值加权的指数，含有 500 只大型股票，较大股票（市值最高的股票）的权重比较小股票要高。

哦！怎么会这样，结果太好了。这里肯定有些错误，我们需要非常仔细地检查这些结果。不过，我们还是把这个问题留给下一章吧。现在，我们来进行一下简单的总结，花点儿时间看看神奇公式的效果，这些似乎十分令人满意。

小结

1. 本·格雷厄姆提出了一个神奇公式。格雷厄姆认为只要能够严格按照他的公式操作，一般情况下，就能够以极低的价格买到市场先生愿意出让的企业股票。
2. 在今天，只有很少的公司能满足格雷厄姆提出的严格要求。
3. 我们设计了一个新的神奇公式，一个能够发现质优价低的股票的公式。
4. 新公式看来是有效的。事实上，它的效果很好。
5. 在利用神奇公式进行投资之前，我们需要更进一步地看看它的效果如何。

第七章

神奇公式

“并不是我们不知道的东西让我们陷入困境，”19 世纪的报纸专栏作家阿蒂默斯·沃德这样写道，“让我们陷入困境的是那些我们自以为知道的东西。”而这正是我们遇到的问题。神奇公式看起来是奏效的。事实上，它的效果之好不容置疑。我们当然希望它能够奏效，谁不想不费力气就能挣到大钱？但是，神奇公式真的就那么灵验吗？确实，所有的数字看起来都不错，但我们知道这些数字是从哪里来的吗（或者说是谁提供了这些数字）？更重要的是，我们知道这些数字将如何变化吗？尽管该公式在过去是奏效的，但我们能只满足于“打过去的战争”吗？该公式能否在将来继续奏效呢？当然，这些问题提得都很好，让我们看看是否能够找到一些好的答案。

当回顾过去并对过去的情况进行猜测时，经常会碰到这种问题。尽管电脑筛选股票的公式在理论上能产生惊人的成果，但在现实世界中复制这些成果却困难得多。举例来讲，神奇公式有可能挑选那些股份少到几乎不会有人购买的公司。通常，小公司的股份数量有限，即使是少量的需求也会推高其股价。如果是这样，那么这个公式只是看起来有效，而在现实世界中这些收益惊人的结果将不会出现。所以，在运用神奇公式时，选择具有一定规模的公司非常重要。

在上一章中，神奇公式对美国主要股票市场上交易的3 500家大公司进行了排名，该公式从中挑选出了表现优秀的公司。在这3 500家公司中，即使是最小的公司市值（股数乘以股价）仍超过了5 000万美元。在这样一种规模下，个人投资者能够买到合理数量的股票，但又不推高股价。

现在让我们把标准放松一些来看。如果神奇公式可以对大公司或小公司都奏效，那当然更好。这样我们就更有信心认为，以低价购买优质股票的原理对任何规模的公司都是适用的。那么，让我们不去从

只要遵循神奇公式，即使最大的投资者也可以将市场的年均收益率翻一番。

3 500家大公司中选择，而是看一看2 500 家大公司吧。在这一组公司中，规模最小的公司的市值至少为2 亿美元。

在过去的17 年间（截至2004 年12 月），神奇公式对该组大公司也极为奏效，其中由神奇公式挑选出的30 种股票组合获得了年均收益为23. 7% 的回报。而同期，该组公司的市场年均收益率为12. 4% 。换句话说，神奇公式的年均收益率实际上是市场年均收益率的两倍。

但如果我们进一步考察会出现什么情况呢？让我们回过头来，看一下如果我们将该组公司的规模缩小到前1 000 家，即每家公司的市值至少为10 亿美元以上，效果会怎么样。即使一些像共同基金这样的大型机构投资者和大型养老基金也购买这些股票。好，看一看下面的表格吧（见表7 –1）。

表7 –1　神奇公式的效果（发行量最大的1 000 种股票）

年	神奇公式	市场平均	S&P 500
1988	29. 4%	19. 6%	16. 6%
1989	30. 0%	27. 6%	31. 7%
1990	（6. 0%）	（7. 1%）	（3. 1%）
1991	51. 5%	34. 4%	30. 5%
1992	16. 4%	10. 3%	7. 6%

（续表）

年	神奇公式	市场平均	S&P 500
1993	0.5%	14.4%	10.1%
1994	15.3%	0.5%	1.3%
1995	55.9%	31.4%	37.6%
1996	37.4%	16.2%	23.0%
1997	41.0%	19.6%	33.4%
1998	32.6%	9.9%	28.6%
1999	14.4%	35.1%	21.0%
2000	12.8%	(14.5%)	(9.1%)
2001	38.2%	(9.2%)	(11.9%)
2002	(25.3%)	(22.7%)	(22.1%)
2003	50.5%	41.4%	28.7%
2004	27.6%	17.3%	10.9%
平均收益率	22.9%	11.7%	12.4%

这再一次证明，只要遵循神奇公式，即使最大的投资者也可以将市场的年均收益率翻一番。这不太可能吧，这里面肯定有蹊跷。这实在太简单了！当然，也可能会有问题，神奇公式只是在纸上奏效，而真实生活则又是另外一番情形。

好吧。神奇公式为投资者挑选的公司都不会太小，这又怎样呢？可能神奇公式只是碰巧选中了几只优质股票，所以表现才如此之好！如果神奇公式不再走运，那依靠过去的结果可能会十分危险。好在，神奇公式似乎并不是靠运气取胜的。

通过历时17年的研究，我们有了一个大约包含30种股票的投资组合，每只股票都持有一年。通过对每类股票（发行量最大的3 500、2 500和1 000只股票）进行不同的组合，一共出现了1 500多个不同的选择。当我们将所有测试结果综合在一起时，其结果就是神奇公式得到的4 500多个选择。所以，很难说这是运气问题。但肯定还有其他方面的问题，对吗？

是什么问题呢？神奇公式能够发现市场先生决定以低价“抛售”的30家优质公司的股票，那自然很好，但如果发现不了又怎么办？如果这些为数不多的低价机会由于某种原因消失了呢？如果市场先生一时明智起来，不再为我们提供这种为数不多的低价机会呢？如果发生这些情况，我们就倒霉了。现在让我们来做一个小实验。

先看发行量最大的2 500家公司的股票，如果我们使用神奇公式再次将它们进行一下排序会怎么样？换句话说，如果我们将它们从第 1 名排到第 2 500 名，从最好的排到最差的，结果会怎么样？记住，神奇公式寻找的是高资本收益率和高股票收益率的最佳结合。所以那些质优价低的股票就应该排在更接近第 1 名的位置，而那些质劣价高的股票则会排在更接近第 2 500名的位置了。

如果我们将这 2 500 家公司的股票依次分成相同的 10 组会怎么样呢？换句话说，第 1 组包括的 250 家公司的股票是神奇公式视为质优价低的股票，第 2 组是状况稍差的 250 家公司的股票，第 3 组是更差的公司的股票，依此类推，第 10 组，当然是神奇公式视为质劣价高的 250 家公司的股票。

记住，神奇公式寻找的是高资本收益率和高股票收益率的最佳结合。

如果我们每月将这样的做法重复一次，连续进行 17 年会怎么样呢？如果我们持有每种投资组合（每种包括大约 250 种股票）一年，并计算一下它们的投资收益率会怎么样呢？还是让我们来看一看下面的表格吧（见表 7 –2）。

咦，这很有趣吧，神奇公式不仅仅只奏效于 30 种股票，神奇公式看起来正在有序地工作。排位高的股票表现最优秀，随

表 7-2　年收益率（1988—2004 年）

第 1 组	17.9%
第 2 组	15.6%
第 3 组	14.8%
第 4 组	14.2%
第 5 组	14.1%
第 6 组	12.7%
第 7 组	11.3%
第 8 组	10.1%
第 9 组	5.2%
第 10 组	2.5%

着排名的下降，收益也相应地下降。第 1 组优于第 2 组，第 2 组优于第 3 组，第 3 组优于第 4 组，等等，从第 1 组到第 10 组依次下降。第 1 组，排名最佳的股票，在一年当中收益率超过排名最差的第 10 组 15 个百分点。这太惊人了！

事实上，神奇公式看起来似乎能预测未来。如果我们了解到神奇公式如何对一组公司进行排位，就会很清楚这组公司在将来的平均投资收益状况。这也意味着，即使由于某种原因我们不能买到神奇公式排在前 30 名的股票，问题也不大，买后 30 种也很不错，就算买再后面的 30 种也可以。事实上，每组中排名靠前的股票都不错。

这可能还会解决我们的另一个潜在问题。记得本杰明·格雷厄姆是如何设计他的神奇公式的吗？买到一组能够严格符合格雷厄姆公式的股票是赚钱的好办法。不幸的是，在当今的市场上，只有极少数公司能满足这一公式的要求，这就意味着格雷厄姆的公式并不像原先那样奏效了。值得庆幸的是，我们的神奇公式似乎不存在这样的问题，它只是一个排序公式，总会有一些股票排在第一位。不仅如此，由于公式运作有序，我们不会局限于排在前面的30种股票。因为排序靠前的一组股票的整体表现都十分出色，就会有很多业绩优良的股票可供我们选择。

对那些想通过副业增加收入的人而言，神奇公式也是十分让人满意的。来试试吧，这个将股票进行有序排列的公式确实令人十分惊讶。众多关于神奇公式是否真正奏效的争论是好事，但这场论战的胜者是显而易见的。

不用太着急，证据很明显，可这只能证明神奇公式在过去是奏效的。我们怎么能知道神奇公式在今后也能奏效呢？我已经说这么多了，大家为什么不试一试呢？它会坏事吗？

好吧，先让我们来看看本章的小结，然后再说。

小结

1. 神奇公式无论对大公司，还是小公司都奏效。
2. 神奇公式已经经过广泛验证，其丰厚回报靠的不是运气。
3. 神奇公式对股票进行有序的排列。其结果是，总有很多排名靠前的股票可供选择。难以置信的是，神奇公式还能够准确地揭示出一组股票的未来走势。
4. 在下一章中，我们将讨论神奇公式是否能继续产生这样好的结果。（那当然太好了！）

THE LITTLE BOOK
THAT STILL BEATS THE MARKET

第八章

神奇公式并不是时刻有效

我承认，自己在历史方面的知识比较模糊，当初我应该在上课时好好听讲才是。有一段历史总让我困惑，我总是不明白美国为什么能在独立战争中取得胜利。当时美国只有 13 块小小的殖民地，却能和世界上最强大的国家抗衡。英格兰拥有最优秀的海军、最强大的军队，也最富有。而由一群乌合之众组成的美国军队却取得了胜利。这是怎么发生的？在有限的知识基础上，我总结出了原因，不过我不知道我的原因是否能够得到广泛的承认。在我看来，美国之所以赢得了这场战争，是因为美国在和一群傻瓜打仗！

不管怎么说，英军的战法是令人羡慕的。在战场的一边，你可以清楚地看到英国士兵训练有素，队列整齐，身着漂亮的红色外套，连射击动作都那么整齐划一——我敢肯定这场面看起来相当不错。而在另一边，你可以看到我们那些杂乱无序的士兵，他们躲在岩石和大树后面，向一队队整齐、显眼的红色目标还击。美国当然会赢了。

但我还是搞不懂下面的问题。我不能相信英国军队是第一次如此作战。换句话说，不论我怎么想，英国人的作战方式在过去一定是有效的。我唯一的问题是，它是如何有效的？据我所知，他们以这种方式作战已有上百年的历史，显然，不论我明白与否，这种作战方式取得了卓著的战绩。但是，以过去成功的套路来应付未来的战争显然是不合时宜的。英国人以惨痛的教训认识到了这一点。

那么，我们呢？我们要一直向前走，要武装得像进行一场伟大的游戏那样。我们拥有一个有意义的神奇公式，这个公式在过去战功赫赫，而我们期望它在未来也能取得辉煌的战绩。但在大家都去参战之前，我们最好先停下来，考虑一个明显的问题：怎样才能使我们的作战方针在众所周知的情况下继续有效？如果我们不能找到一个合理的答案，就会像英国人那样成为别人攻击的靶子。

好吧，首先让我来告诉你们一些好消息。事实证明，神奇公式在很多时候根本就不起效！你相信吗？事实上，平均来讲，神奇公式在一年中有 5 个月的表现都会略差。还是不提几个月吧，神奇公式通常在一年中甚至更长的时间内，并不总是有效。这就更好了。

想象一下，你买了一本书，这本书会告诉你将自己的资金投在某些股票上，电脑上也已经推荐了这些股票。想象一下，你每天都在勤快地观察这些股票，却发现它们连续几个月甚至连续几年的表现都低于市场平均水平；想象一下，你的决定将决定一切，你肯定不会再相信那本愚蠢的书或那个没有头脑的电脑了。你会亲自动手调查那些你买入股票的公司，分析它们的前景。我们稍后将会发现，如果你意识到你在购买股票之前能花几分钟时间调查一下这些公司，你就根本不会去碰它们中的大多数，想象一下这有多么可怕。最后，不管你拥有的股票的表现如何不好，以及前景多么不乐观，想象一下继续遵从那本蠢书和没有头脑的电脑的建议，后果将会是什么！

可是为什么要担心这一切呢？至少，神奇公式是起作用的。我们在上一章中已经证明这一点了。我们会做得很好，所以根本不需要担心股票在几个月或一两年内的不佳表现。这听起来尽管不错，但是，看一下我们在 17 年内所得到的成功的测试数据，就会看到确实有很多事需要担心。

神奇公式投资组合的收益率在每 12 个月中，就会有 5 个月低于市场平均水平。在完整的一年中，神奇公式每 4 年就会有一次低于市场平均水平。① 在每 6 年的测试中，神奇公式至少会有 2 年连续表现不佳。在整个 17 年中，神奇公式甚至有连续 3 年低于市场平均水平。

遵循一个连续几年不见效果的公式容易吗？你认为人们会说类似“我知道这个公式已有很长时间不灵验了”，或是“我知道我亏了很多，但还是让我们接着做吧”的话吗？我敢肯定，不会的。

以一位投资类畅销书的作者为例。在书中，作者测试了十几种选股公式，看它们在几十年中的表现，以决定哪种投资策略能够长期超越市场。这本书写得非常好，道理明晰。作者在测试过的十几种公式中，选择了最成功的一种，根据它的建议买入股票，继而设立了一家共同基金。

---

① 计算年收益率，时间从 1988 年 1 月到 1989 年 1 月，1988 年 2 月到 1989 年 2 月，依此类推，一直到 2004 年底，一共 193 个不同的年度测试。

该基金在最初的三年中，有两年的表现低于市场平均水平。其中有一年，该基金的表现甚至比市场平均水平低25%。三年之后，这一基金与同业相比仍然表现不佳。这位畅销书的作者——曾经做过测试并写了书的家伙，决定把他的基金管理公司出售给别人。公平地说，我不认为这位作者放弃了他的公式，但显然他在别处发现了更好的机会。如果他知道就是这同一只基金，那只严格按照他的公式操作的基金，在三年之后成为创立以来（甚至包括起初表现不佳的那几年）最佳的共同基金的时候，也许他会再坚持几年。

这并非不正常。市场先生难以预料的情绪，以及来自同业竞争的压力，都很难让人坚持一个数年不见效的投资策略。任何投资策略都是这样，不论该投资策略多么合理，其长期记录多么出色。让我们来看看我的一位好朋友的经历，他是“我所知道的最聪明的基金经理”。他不会主动购买那些根据电脑上的公式推荐的股票，他在选择公司时，只是严格按照自己的公式，买入那些排在最前面的公司的股票。

他在以前任职的投资公司中曾成功运用他的投资策略达10年之久，9年前他利用同样的原理建立了自己的基金管理公司。在最初的三四年中，该公司的业绩并不是很好。过去非常成功

> 如果神奇公式在任何时候都奏效，那么每个人都会使用它；而如果每个人都用，它可能就会失去效用。

的投资策略目前跟同业相比逊色不少，也大大低于市场平均水平。尽管如此，这位“我所知道的最聪明的基金经理”仍然坚信他的投资策略最终会发挥效用，应当继续坚持。但可惜的是，他的客户并不这样认为。大多数客户相继退出，并大量提走资金。因为他们想把自己的资金提供给一个“知道自己正在干什么”的经理，而不是我的朋友。

你说得对，他们应该坚持下去。在过去的五六年中，我的朋友，还有他的投资策略，都可以算是表现出色。公司成立以来（包括最初几年的艰苦岁月）的投资业绩已经远远超过市场同期的平均水平。今天，这家公司已成为华尔街数千家投资公司中为数不多的佼佼者，真是功夫不负有心人。目前，我朋友的公司正为数百家客户管理着超过 100 亿美元的资金。然而，大多数人在面对连续几年的不佳表现时并未选择等待，只有 4 个客户自始至终坚持了下来。幸运的是，我是其中之一！（作为他的朋友，也许当初我只是不得不追随他。）

讲这些究竟有何用意呢？我想说，如果神奇公式在任何时候都奏效，那么每个人都会使用它；而如果每个人都用，它可能就会失去效用。如果所有人都购买神奇公式选中的低价股票，那么这些股票的价格立刻就会被抬高。换句话说，如果每个人都使用这一公式，低价机会就会消失，神奇公式就会丧失效力。

> 从长期看，使用神奇公式可以使年收益率高于市场平均水平的一倍，在有些情况下甚至达到两倍。神奇公式只有在这些高收益率处于起伏不定的情况下才会见效。

神奇公式并非神乎其神，所以说我们很幸运。它并不是在任何时间都奏效，事实上，它可能在几年中都不灵验。大多数人不会等那么久，因为他们的目光短浅。如果一个投资策略要长时间（有时要等 3 年、4 年甚至 5 年）才能见效，大多数人都会放弃。如果某种投资策略在一两年内低于市场平均水平（或收益低于他们的朋友），大多数人都会去寻求一种新的投资策略，即在过去的几年中成绩突出的投资策略。

即使是那些相信他们的投资策略会在长期内见效的职业基金经理，也很难坚持自己的观点。在连续几年业绩低于市场或竞争者后，大多数的客户或投资者都会离开。这就是为什么很难坚持一种与众不同的投资策略的原因。作为一名职业基金经理，如果你做得很糟糕，而别人做得很好，你就会面临失去客户甚至失去工作的风险！

很多基金经理认为，回避风险的唯一方法就是像其他人一样进行投资，这通常意味着你要买入那些知名公司的股票，即那些在下几个季度或后一两年中前景看好的公司股票。

可能现在你开始明白，为什么别人不愿使用神奇公式了。尽管有些人会试用一段时间，但大多数人却不能接受其少则几个月，多则几年的不佳表现。正如我们在第一章中讨论过的，你就会开始明白为什么“坚信”如此重要。如果你不相信神奇公式对你有用，你很可能在它发挥作用之前就弃之不用了！至少，过去17年所显示的数据说明了这一点。从长期看，使用神奇公式可以使年收益率高于市场平均水平的一倍，在有些情况下甚至达到两倍。神奇公式只有在这些高收益率处于起伏不定的情况下才会见效。在较短的时间内，公式可能见效，也可能不见效。对于神奇公式来说，所谓较短的时间通常是以年，而不是以天或月来计算的。稍显奇怪，但符合逻辑，这是个好消息。

如果你坚信神奇公式，并且能长期使用它，这就是个好消息。但你要想真正坚持一个几年内都不见效的投资策略，你就必须真正打心眼儿里相信它。神奇公式多年来的辉煌成绩将有助你理解这一点。现在，让我们来看看下一章吧。

小结

1. 神奇公式只有从长期看才会见效。
2. 神奇公式通常会连续几年不见效。
3. 大多数投资者不会（或不能）坚持一个连续几年都不见效的投资策略。
4. 要想让神奇公式对你有用，你必须坚信它的作用，并且保持一个长期的投资眼光。
5. 如果本章不是，那么下一章将是本书中最重要的章节。

THE LITTLE BOOK
THAT STILL BEATS THE MARKET

第九章

优质公司优质在哪儿

随着计算机时代的来临，世界发生了巨大的变化。然而，感谢上帝，还有些东西没有变化，数学就是其中之一，一点儿变化都没有。对于投资者来说，了解这一点十分重要。

这是由于，为了能让神奇公式为我们在长时间内赚钱，其背后的原理不仅要合情合理、符合逻辑，而且要具有永恒性。否则，在短期成果对我们不利的时候，我们就无法坚持下去。尽管这很简单，但就像知道 2 加 2 在任何情况下都等于 4 一样重要。不论人们告诉我们的有多么不同，不论他们用多长时间告诉我们，也不论这些告诉我们的人看起来多么聪明，我们都不会动摇。同样，我们对神奇公式的信心如何将决定我们是否能坚持一种投资策略，这种投资策略可能在长时间内既不受欢迎，又不成功。

那么，神奇公式的意义在哪里呢？它的意义能够重要到在事情对我们不利的情况下，我们依旧能够坚持下去吗？还是让我们再看一看吧。

神奇公式从排名系统中选取公司，那些不仅资本收益率高而且股票收益率也高的公司位于排名系统的前列。更简单地说，公式能系统地帮助我们发现那些能够以低价买入的优质股。

这听起来当然合乎逻辑，而且合情合理。它看上去就像是一种我们能够真正相信的投资策略，让我们一步一步走下去，看看这是不是真的。

首先，为何资本收益率高的公司如此特殊？我们的公式会告诉我们买入哪一类公司的股票吗？是何种因素促使这些公司的股票优于市场平均表现？为了弄清这些问题的答案，让我们回过头来，问一问我们的老朋友贾森吧。

你可能还记得，前一年对贾森的企业来说是一个好年头。他的每一家口香糖店的赢利均为 20 万美元，而他只需花费 40 万美元来开设一家新店（包括仓库以及展示货架等）。这就意味着他新开设一家口香糖店的资本收益率是令人印象极为深刻的 50%（20 万美元除以 40 万美元），这意味着什么?

大多数人和大多数企业都不能发现年资本收益率达到 50% 的投资机会，如果按照前一年的做法，贾森的公司只需开设一家新店就能得到一年 50% 的回报，由此成为一家特殊的企业。好好想一想，能有这样的投资机会并且每年的资本收益率高达 50% 是十分罕见的。尽管我们不能保证贾森的新店（或他的老店）每年都能得到 50% 的资本收益，但前一年的高收益率可能是一个好信号，今后你可以通过投资同样的企业获取高收益率。

如果贾森的口香糖店真的能继续从他在新店和老店的投资中获得高收益，这对贾森来说真是一个好消息。这意味着贾森企业的利润不会原地不动。贾森口香糖店可以在获得这些收益后，将其投在政府债券中，并获得 6% 的收益，这是一个选择。公司也可以在获得这些收益后，将其投在一家新店上。这样不仅第一家商店的投资能获得 50% 的收益，而且贾森也可以将此收益投资在另一家新店中，每年又赚 50%！

这种将利润投资在高收益率生意上的机会非常宝贵。举例来说，如果贾森口香糖店去年赚取了 20 万美元，贾森将有几个选择。他可以将这笔钱分给企业的股东（由股东自己决定如何拿钱进行下一步的投资）。如果企业来年没发生较大变化，贾森口香糖店将再次赚取20万美元。这可能是一个很好的选择。

但如果贾森将20万美元的利润投资在利率为6%的政府债券上（扣除40%的税，实际收益为3.6%），贾森的企业将在下一年赢利20.72万美元（20万美元来自商店销售，7 200美元来自债券投资的税后赢利）。虽然收益高于前一年，但收益增速不快。

这就是关键的一点。如果贾森将同样的20万美元利润投在一家年资本收益率为50%的新店上，① 贾森口香糖店新的一年的收益将增至30万美元（20万美元来自原来的那家店，10万美元来自新投资的店）。从前一年的20万美元到来年的30万美元，一年内的资本收益率为50%。

换句话说，如果能够将企业利润的一部分或全部投资于一个资本收益率高的生意，就能获得一个非常高的收益增长率！

现在，我们已经知道了企业之所以能获得高资本收益率的

① 在这个例子中，假设我们投资半家店（开一家新店要投资40万美元）。

两个要点。首先，那些能获得高资本收益率的企业有机会将利润进行再投资，以获得更高的收益率。既然大多数人和大多数公司的投资只能获得平均收益，这样的机会就显得极为特殊。其次，正如我们刚刚学到的，能获得高资本收益率的能力也促使收益增长达到一个很高的水平。当然，这对于那些能被神奇公式选中的公司来说是好消息。

这依然留给我们一个明显的问题：如果像贾森那样的企业真能每年通过开设一家新店获得50%的回报，那么其他人不也可以看到这一点，并且也去开设他们自己的口香糖店吗？

这意味着贾森口香糖店将面临更多的竞争，而这种激烈的竞争意味着贾森口香糖店的销量会下降，意味着贾森必须降低售价以吸引顾客，更多的竞争也可能意味着其他人会开设一家更好的店。简而言之，更多的竞争将使贾森口香糖店未来的利润降低。

事实上，资本系统就是这样运作的。因为开设了更多的竞争性口香糖店，新的口香糖店的资本收益率降到了40%，但对未来利润的威胁仍不会停止。人们仍然会认为从新开设的店中获取40%的收益率很有吸引力，他们会决定开设自己的口香糖店。那么，由于竞争的加剧，从开设新店中获取的收益率就会一路下滑到30%。

但事情到这里还没有完，每年30%的资本收益率也很可观。更多的竞争将继续降低贾森的新店和老店未来的资本收益率。整个资本系统将使赢利继续下滑，直至口香糖店的年资本收益率不再那么显著。这个系统就是这样运作的！

但问题又来了。如果资本系统这样复杂，神奇公式如何能首先为我们找到可以获得高资本收益率的公司呢？即使是获得一年的高资本收益率，至少这样的公司暂时也有与众不同的地方。否则，竞争就会使资本收益率降到较低的水平。

可能该公司有一个较新的经营理念（比如一家糖果店只出售口香糖），或推出了一个新产品（如热销的游戏），或者开发出了更好的产品（比如更小巧而且更容易使用的苹果便携式多媒体播放器），或者设计了一个好品牌（与乔氏可乐相比，人们会更愿意把钱花在可口可乐上，这样可口可乐就可以提高价格，在不用考虑其他竞争者的情况下继续获得高资本收益率）。或者，这家公司处于极为有利的竞争地位（eBay是第一批拍卖网站之一，拥有最多的买家和卖家，而其他新的拍卖网站就无法提供像eBay那样的低价）。

简而言之，凡是能获取高资本收益率的公司都能获得某种独特的竞争优势，这种独特的优势能够阻止其他竞争者破坏该公司的赢利能力。

> 由于消除了只能获得平均或低资本收益率的公司，神奇公式选中的只是那些能够获得高资本收益率的公司。

而对于那些不具备独特竞争优势（比如不具备更新更好的产品、知名的品牌，以及有力的竞争地位）的企业来说，它们很可能只能获得平均或低于平均水平的资本收益率。如果一家公司的业务不具备独特的竞争优势，其他竞争者就可以轻易地进入该行业并开设与之竞争的业务。如果一家企业的资本收益率很高，并且容易进入，其他竞争者也会模仿。这些公司会不断竞争下去，直至使资本收益率降到市场平均水平。

但神奇公式不会挑选那些资本收益率与市场持平的公司，也不会挑选资本收益率低于市场平均水平的公司。（像出售花椰菜那样的企业几乎不可能获得高资本收益率。）

由于剔除了只能获得平均或低资本收益率的公司，神奇公式选中的只是那些能够获得高资本收益率的公司。

当然，某些被神奇公式选中的公司也不可能一直保持高资本收益率。正如我们刚刚学到的，具有高资本收益率的公司会引来竞争，甚至某些二流公司都有可能在一两年内暂时获得高资本收益率。

但一般来说，那些被神奇公式选中的具有高资本收益率的公司更有机会将利润的一部分重新投资在高资本收益率的业务上。它们更有能力取得高资本收益增长率，也更具有某种特殊的竞争优势，使得它们能够继续获得高于市场平均水平的资本收益率。一般来说，神奇公式会为我们发现好的公司。

那么，神奇公式用这些好公司来做什么呢？

它会试图以低价买入这些公司的股票。

神奇公式只选择那些同时能带来高股票收益率的公司。高股票收益率意味着，神奇公式只买入那些能够为我们带来较大获利空间的公司的股票。

嗯……以低价买入高价值的股票，看来神奇公式是有用的！

你的感觉到底怎么样？

小结

1. 大多数人和大多数企业都不能发现高资本收益率的公司，能够获得高资本收益率的公司具有特殊性。
2. 能获得高资本收益率的公司，还有机会将部分或全部的利润继续投资具有高资本收益率的企业。这种机会很宝贵，它能够带来很高的收益增长率。
3. 能够获得高资本收益率的公司可能具有某种特殊的竞争优势，这种特殊的竞争优势将阻止竞争者破坏它获得高利润率的能力。
4. 通过排除那些只能获得一般或较低资本收益率的公司，神奇公式保留的只是那些能够获得高资本收益率的公司。接下来，神奇公式会试图以低价买入优质公司的股票。
5. 既然神奇公式有如此大的功效，我们不论“收成”好坏，都应该坚持相信它。

第十章

市场总会那么情绪化吗

我喜欢航海，但我对海上航行并不十分精通。

我知道这一点不是由于我的妻子和孩子很害怕和我一起航行，而是由于过去惨痛的教训。曾经有一次，由于在计算风速和水流速度时出了一点儿偏差，我仅差十几米就要撞上一艘至少有 3 个足球场长的驳船。我记得很清楚，当时我的妻子正在船上（她不喜欢出海），正当我忙着将连在我那小小的 5 马力发动机上的起锚绳拽起来时（这东西总在你需要它的时候出问题），那只巨大的驳船大声鸣笛，警告我退出它的航道。

通常帆船比汽船具有优先权，但是这艘巨大的驳船无法迅速掉转方向。这样，优先权就发生了变化（如果发生这种情况，一定要牢记）。于是，我当时只能不停地拽起锚绳，似乎一切局势都在我的控制之下（如果真是这样，我妻子最后的话就不会是“我恨这条笨船”），直到一阵风帮我们逃出险境。

我一再讲述这个故事并不是因为我喜欢独自航行，实际上，我喜欢的是结伴旅行（最好是一群勇敢而又无知的人）。我告诉你这件事是想说，尽管我不是一个好的航海者，但我还是喜欢航海。这就是许多股市投资者对股市的感觉。他们可能并不精于股市投资，甚至不知道自己是否适合进行这种投资，但他们乐于享受投资的过程或经历。

对这样的人来说，利用神奇公式进行投资可能会夺走其中的一些乐趣，我很明白他们的想法。也有些人精于挑选个股，他们不需要使用神奇公式，这也很好。如果他们想成功地选择股票，下一章将会为这两种人提供相应的建议。下一章还会提出如何使用隐藏在神奇公式后面的原理来指导个人投资者做出投资决定。但在决定是否使用神奇公式进行投资之前，你还应该知道一些事情。

神奇公式创造了我曾见过的最好的投资纪录，但好的纪录不应是你使用神奇公式的原因，也不应是你在收益不好时继续遵循神奇公式的原因，它不是你未来能获得好收益的保障。事实是，只有你明白为什么会有如此好的纪录时，它才真正对你有帮助。

你一定还记得，神奇公式经过了 17 年的测试。在这期间，神奇公式挑选了大约 30 种股票，而每种股票的持有期是一年。神奇公式对这些股票的表现进行了 193 个不同的年度测试。[①] 这些被神奇公式选中的股票通常都能超过市场的平均水平，但也会有 1 年、2 年，甚至 3 年不灵验。这就给投资者带来了风险，使得他们可能在公式显示奇效之前就放弃了。

如我们所讨论的，在一年期的测试中，神奇公式投资组合在每 4 年中就有一年的表现低于市场平均水平。在二年期的测试中（可以从过去 17 年中的任何一个月份开始计算），神奇公式投资组合在每 6 年中有一次的表现低于市场平均水平。记住，尽管这听起来不算糟，但连续两年表现不佳确实不容易被接受。

---

① 神奇公式对这些股票进行测试的时间为：1988 年 1 月至 1989 年 1 月；1988 年 2 月至 1989 年 2 月；1988 年 3 月至 1989 年 3 月，依此类推，直到 2004 年 12 月 31 日完成 193 个年度测试。三年期测试意味着从 1988 年 1 月到 1991 年 1 月，1988 年 2 月至 1991 年 2 月，等等。

但下面就有好消息了。在三年期的测试中，神奇公式投资组合在95%的情况下都能领先于市场（在169次三年期测试中，有160次超过市场平均水平）。[①]

这还不是全部！在三年期的测试中，如果你遵循神奇公式，你永远不会亏损。这就对了。在这17年中，在任何三年期中一直遵循神奇公式，你在任何时候都能100%赚钱（169次全部都有赢利）[②]。在169次不同的三年期测试中，神奇公式所带来的最差的收益率是11%。而最差的三年期的市场平均水平为亏损46%。差别太大了！

这还不是全部。刚才你看到的数字只是根据市值最大的1 000只股票（市值超过10亿美元）计算出来的结果。根据市值最大的3 500只股票（市值超过5 000万美元，个人投资者一般购买这种股票）计算的结果甚至更好。对神奇公式投资组合来说，三年期的测试结果都不错，均能超过市场平均水平。这就对了，神奇公式在每个时期都能超过市场的平均水平。嗨，

① 三年期的测试次数比一年期的测试次数要少得多，因为上一个三年期的测试始于2002年1月，结束于2004年12月31日。上一个一年期测试始于2004年1月。

② 换句话说，在我们17年的测试期中，神奇公式投资组合即使不能超越市场，也仍然能够获利。

这才是神奇公式的本色。①

但我们真能无需冒太大风险，就获得这么高的收益吗？答案通常取决于你是怎么看待风险的。② 尽管在过去50年中，金融界的教授们已经找到多种有效的方法衡量或比较不同投资策略的风险，但它们大多对你没有意义。这是实话，特别是当你以长期的投资眼光进行投资时。在想到风险时，没必要将事情复杂化，在选择投资策略时，你需要知道的就是两点：

1. 从长期看，遵循该投资策略可能出现的亏损风险在哪里？
2. 从长期看，你所选择的投资策略逊于其他投资策略所带来的风险是什么？

那么，风险对于神奇公式意味着什么呢？既然设计能与市场平均回报相同的投资策略并不难③（我们下面还会讨论到大多

---

① 在这组的3 500家公司中，神奇公式投资组合最差的三年期收益率也达到了35%。而就市场平均水平看，最差的三年期收益率是 -45%。

② 然而，在这里不论我们以何种方式衡量风险，神奇公式的表现都是极为出色的。

③ 如投资指数基金或交易型开放式指数基金（ETF）。

数专业投资者的表现甚至还达不到市场平均水平），我们至少能对这两种简单的投资策略做出合理的比较。一起来看看吧。

在我们的测试期内，即使在相对较短的三年期内，神奇公式投资策略也非常令人满意，它所带来的回报远远超过市场平均水平。遵循神奇公式的投资者从未出现亏损。[①] 神奇公式投资策略几乎在所有的三年期测试中都超越了市场平均水平。简而言之，与市场平均水平比较，神奇公式用较低的风险取得了较高的收益。

尽管在遵循神奇公式投资策略的 3 年中，收益情况不错，但情况可能不总是这样。即使是超级投资策略也会需要一段时间才能见效。如果某种投资策略确实有效，你的投资眼光越长远，你获利的机会就越多。这种长期眼光要达到 5 年、10 年，甚至 20 年。

尽管这不容易做到，但只要你有一个 3 ~ 5 年的股市投资计划，你就会远远超过其他大多数投资者。这样长短的时间也是对任何可供选择的投资策略的风险及业绩进行有意义比较的最低年限。

---

① 在三年期的测试中，市场的平均表现是亏损 12%。当然，尽管神奇公式在测试阶段取得了 100% 的成功，但几乎可以肯定，神奇公式投资策略在未来还会有表现不佳的时候。

现在，我们对于神奇公式的威力和低风险状况有了一个更好的了解，但在我们进入下一章之前，还有一个问题需要解决。这和我们的老朋友市场先生有关，在这里，掌握好时机也非常重要。

你可能还记得，在第四章中，我们谈到在商学院的第一天，正是市场先生多变的情绪给神奇公式带来了能够获得低价优质股票的机会。但这些同样的情绪也带来了一个问题。如果市场先生的情绪这样不稳定，我们怎么能相信它最终会给我们的低价购买提供一个合适的价格呢？如果我们不能最终从市场先生处获得一个合适的价格，那么所谓的低价购买机会将永远不会出现在你面前！

这里还有些你需要了解的关于市场先生的事情：

- 从短期看，市场先生就像一个情绪不稳定的家伙，他经常以飘忽不定的价格买入或卖出股票。
- 从长期看则完全不同：市场先生这样做是对的。

是的，从长期看，狂人市场先生实际上是非常理智的。市场先生的不稳定可能持续几周、几个月，也可能几年，但它最终会给我们的股票定出一个合理的价格。实际上我在每个学期的开始，都向我的MBA学生做这项保证。我保证，如果他们对一家公司进行了认真的评估，市场先生最终会同意他们的结果。我告诉他们，尽管这样做有时会费一点儿时间，但如果他们的分析是正确的，他们一般只需等两三年，市场先生就会给他们一个合理的价格。

为什么是这样呢？难道市场先生不是情绪化的吗？当然，市场先生可能在短期内受情绪的影响，但随着时间的推移，事实就会说话。如果在短期内一只股票的价格被过分情绪化的市场先生大大压低（这很可能发生，例如，当一家公司宣布坏的消息，或者将在近期迎来坏消息），就会发生一些事情。

首先，市场上有很多的聪明人。如果市场先生给出的价格确实很低，这些聪明人中的一些就会发现这个机会，并且买入股票，从而将价格推向公平的价位。这种情况不会马上出现。有时人们吃不准一家特定公司近期的发展前景，就有可能打消买入这家公司股票的念头。有时情绪的影响会持续数年，但这就是事实。而情绪反映的问题和原因，最终会得到解决。结果可能是积极的，也可能是消极的，不过这都没有关系。如果我们对一家公司今后两三年的收益情况不敢确定，那我们在等了足够长的时间后就会知道答案（即使这需要等上两三年）。在了解了事情真相之后，如果低价机会依旧存在，聪明的投资者就将开始买入股票。

其次，即使这些所谓的聪明人没有发现低价机会并买入股票，还有其他的方式能使股价达到合理的价位。有些公司常常会买回自己的股票。如果一家公司认为自己的股价被低估了，这家公司的管理层就会做出决定，利用这个好的投资机会，用自己的资金回购公司的部分股份。[①] 公司买回自己股份的做法可以使股价升高，并可能减少低价出售的机会。

> 随着时间的推移，聪明的投资者寻找低价投资机会，公司回购自身的股份，以及对整个公司收购或收购的可能性，所有这些因素的相互作用，都会将股价推向合理价位。

如果这种方法不能见效，仍然有其他的方法能将股价推向合理价位。记住，股票是现实中股份公司股权的体现，任何人如果购买了已发行的全部股份，就意味

① 这样做将减少公司的现金数量，但也能减少公司发行的股份数量。如果公司的股份数量减少，单个股东在该公司中拥有的权益就会增加。

着拥有了整个公司。通常，如果一个低价机会存在的时间过长，另一家公司或一家大的投资机构就会决定收购所有的已发行股份，从而买下整个公司。有时，即使只是出现某个买家要收购整个公司的可能性，也会将股价推向合理价位。

简而言之，随着时间的推移，聪明的投资者寻找低价投资机会，公司回购自身的股份，以及对整个公司收购或收购的可能性，所有这些因素的相互作用，都会将股价推向合理价位。有时这一过程进展得比较快，有时则可能需要几年的时间。

尽管在短时间内，市场先生可能任由情绪决定股价，但从长期看，公司的价值对市场先生而言最为重要。

这就意味着，如果你在自认为是低价的情况下买入公司股份，你就是正确的。市场先生最终会同意，并给这些股份确定一个合理的价格。换句话说，低价买入行为会获得回报。虽然这一过程不会很快见效，但两三年的时间足以让市场先生将价格调整到位。

现在，我们已经知道了所有的好消息，让我们看看是否能在不碰到任何障碍物的情况下航行到下一章。

小结

1. 神奇公式是有效的，它甚至比我原先讲的还要有效。
2. 与市场平均水平相比，神奇公式能让你以极低的风险获得极高的回报。
3. 尽管从短期看，市场先生由情绪决定价格，但从长期看，市场先生是根据价值来给股票定价的。
4. 试着和我一起航行吧！

第十一章

大多数人没有能力独立选择个股

神奇公式并不符合你的要求。高回报、低风险、简单、合理，这些可能对你毫无意义。你想要，事实上你就是要自己选择股票！没有人，特别是没有什么愚蠢的公式可以阻止你。你现在就准备开始做了，我无法说服你。别担心，我明白，这都没有关系。但要想从我写的东西里得到什么，请记住：在根本不知道自己想要什么的情况下选择股票，就像举着燃烧的火把在一个炸药厂里奔跑。你也许能活下来，但你仍是个傻瓜。

那么，如何聪明地选择股票？你需要些什么？即使你已决定不再遵循神奇公式，如何仍旧利用它而不被炸得粉身碎骨？

好，很高兴你有这些问题，让我们看看吧。

我们已经知道，神奇公式挑选的是那些高股票收益率和高资本收益率的公司。就股票收益率来看，神奇公式寻找那些收益相对于购买价格来说较高的公司；就资本收益率来看，神奇公式寻找这样一些公司，即它们的收益相对于创造这些收益的资产价格来说较高。在计算这些比率时，神奇公式并不看未来的收益，因为这太难了。神奇公式考虑的是上一年的收益情况。

有趣的是，这看起来似乎是错误的。一家公司的价值应当来自于它未来为我们获得的收益，而不是过去发生的事。如果一家公司上一年每股的收益是 2 美元，而今年的收益只有 1 美元，在未来甚至更少，那么利用上一年的收益来计算股票收益率和资本收益率就会将人引入歧途，但这就是神奇公式的方法。

事实上，神奇公式选中的公司的近况通常看起来并不那么好。在大多数情况下，未来一两年的前景还会更糟，但这就是神奇公式能发现低价股票的原因。神奇公式使用的是去年的收益，如果使用今年或明年的预期收益，很多被神奇公式选中的公司可能根本就不会有这样好的价格机会。

那我们能做些什么呢？理想的情况是，不盲目地将上一年的收益用于神奇公式，而将一个正常年份的预期收益用于神奇公式。① 当然，上一年的收益也可以代表正常年份，但上一年的情况也可能由于某些原因而并不具有代表性。由于遇到了多年不遇的极好环境，上一年的收益可能会高于正常年份。相反，如果公司经营临时出现问题，收益可能就会低于正常年份。

将下一年的预期收益用于我们的神奇公式会遇到同样的问题，下一年的状况也不一定具有代表性。那么，有一个解决办法就是对预期收益进行更远一点的估算，即在目前的正常年景下往前看三四年。那么，有可能影响上一年或下一两年收益的短期问题就会最大限度地得到解决。

在这个理想的世界中，我们能够对正常收益做出估计，并计算出股票收益率和资本收益率。利用神奇公式的原理，我们能根据正常年景的收益状况，寻找那些既有高股票收益率又有高资本收益率的公司。当然，我们也需要评估一下我们在预测

① 所谓正常年份是指，公司内部、所在行业或整个经济没有发生特殊或异常情况的年份。

方面的信心，评价一下这些收益在未来是否能够增长，以及是否有一个诚实的管理团队能将这些利润进行聪明的再投资。然后，我们可以根据正常收益，将收益率与无风险的利率为6%的政府债券以及其他的投资机会进行比较。

这是不是听起来很难？确实是，但不是不可能，有人能做这种分析。事实上，这正是我和我的同伴利用神奇公式背后的原理进行投资决策的方法。但是，如果你不能进行这种分析（下面是本章的要点），你就不要独立地进行个股投资！

这就对了，忘记个股投资吧！

但是别着急，神奇公式虽表现很好，但它只是利用了上一年的收益状况，没有进行任何预测，甚至也没有进行任何思考。那么神奇公式是如何选择股票的？我为什么告诉你们不要独自选择个股呢？

好，答案就是神奇公式并非选择个股，而是一次选择一批股票。看一下这些投资组合，你就会明白，利用上一年的收益通常能够很好地预测未来的收益。当然，对于单个公司来说不一定是这样，但就平均状况而言，上一年的收益通常能对未来的正常收益提供很好的预测。

这就是为什么一旦我们真的使用神奇公式，就想一次买入20～30种股票的原因。在使用神奇公式的时候，我们想要得到的是平均值（即神奇公式选中的一组股票所带来的平均回报）。既然神奇公式的平均回报意味着超凡的投资回报，那么买入神奇公式选中的多种不同的股票，将保证我们能够尽量达到这个平均水平。

到目前为止，我希望我已经说服了99%的人坚持使用神奇公式。对那些仍然希望依靠某种获胜策略来选择个股的人来说，应当考虑到，即使是专业分析师和基金经理也很难对个股做出精确的预测，而对他们这些专业人士来说，要同时对20～30家公司进行准确的预测就更难，对你来讲就是难上加难。

下面就是我的建议：如果你不顾所有的警告，依旧想自己购买单只的股票，请不要进行大量的预测。将你的股票投资限制在少数低价位的“好”公司上。对那些为数不多的能够预测未来几年正常收益和企业价值的人来说，持有少数低价位股票是最好的方法。作为常用原则，如果你进行了真正的研究，并对你购买的公司十分了解，5～8种不同行业的股票就能占据你的投资组合的80%。（不理解它的意义吗？请看本章结尾处的加框文字。)

但如果你并不是公司评估和预测方面的专家呢？难道就没有别的方法能让你聪明地玩选股游戏了吗？在炸药厂里闲逛可不是一件好事，那该怎么办呢？如果有些人宁愿来一场爆炸，那就随他去吧。但这里也有一个妥协策略，也很有道理。不过，你还是需要神奇公式，不能绕过（至少在本书中不能）。

这就是，与其你自己盲目地选择自己理想中的股票，或者盲目地接受神奇公式给出的选择，不如将两者结合起来。首先利用神奇公式列出一组优质股票名单，然后利用自己的方法选择你最中意的几只，但你必须在神奇公式选中的前50~100只股票中进行选择。别担心，我们稍后就会知道如何轻松地编制一份优质股票名单。使用这种方法，你可以在自己的投资组合中留下至少10~30只股票（如果你知道如何评估公司就可以少选些，如果你是基于最初印象那就多选些），这样就行了。

小结

1. 大多数人没有能力独立进行个股投资。
2. 重读第1点。
3. 如果你必须进行个股投资，你可以预测一下今后几年的正常收益，利用这些预测算出股票收益率和资本收益率。然后，根据对正常收益的预测，利用神奇公式的原理寻找质优价低的股票。
4. 如果你真正了解自己看上的企业，并极为相信你对正常收益的预测，买入5~8只不同行业的低价股票是一种安全而又有效的投资策略。
5. 大多数人没有能力独立进行个股投资（再强调一次）。

买入5~8只股票怎么可能是安全的投资策略呢？这样想（借用世界上最伟大的投资者的策略）：你是当地一名成功的企业家，刚刚将自己的企业以100万美元的价格卖出去。你想很好地用这笔钱进行再投资，以稳妥地获得收益。你可以购买城里其他企业的股权。你知道大约30家这样的企业，对这些公司十分了解，它们的前景不错，价钱也合理。

对那些你感到最有信心能够准确预测的公司来说，你要能够预测它们今后几年的正常收益。你还应当寻找你认为能够持续经营的公司，那些有能力在今后数年内增加收益的公司。然后你就可以在为每家公司做出预测的基础上，计算它们的股票收益率和资本收益率了。当然，你的目标是找到那些质优价低的股票。在自己分析的基础上，你可以选择最中意的 5 只股票，每只投资 20 万美元。

这听起来有风险吗？如果你不知道如何阅读财务报表或对单个企业进行评估，是存在风险的。但如果你具备上述能力，那么买入你认为最好的 5 家公司的股票是否就足够了呢？买入最中意的 8 家公司的股票会不会更好呢？在我看来，大多数人，特别是那些将股票视为长期拥有实际公司所有权的人来说，将 100 万美元分散到 5 ~ 8 家处于不同行业的低价公司是一种稳健的行为。

至少，这是我在进行投资时所持的观念。对自己所挑选的股票越有信心，我越需要减少在自己的投资组合中持有的公司数量，这样才能使自己的感觉更好。但是，大多数投资者对股票和股票投资组合都有不同的看法。

不管怎么说，当股权被细分成众多股份，并且左右市场先生的情绪后，个人和专业投资者就开始以奇怪的方式来思考和衡量风险了。当开始进行短期考虑和分析过分复杂的数据后，拥有多家你了解不多的公司的股票听起来要比仅拥有5～8家优质的、前景看好和价格低廉的公司的股票更安全。不过，对那些有能力、有知识、有时间去预测正常收益并评估个股的少数人来说，拥有的股票越少则好处越多——那意味着更多的利润、更加安全……更加有趣！

THE LITTLE BOOK
THAT STILL BEATS THE MARKET

第十二章

股票市场里没有牙仙

我想讲讲有关牙仙的故事。由于某种原因，我总不能完全向我的孩子们坦白到底发生了什么。也许我只是想让他们尽可能长时间地享受童年的时光，也可能就是想保持他们生命中的纯真。但不论何种原因，当一再被问到钱是如何神秘地出现在枕头底下时，我始终一言不发。[①]

但有一天，我的一个孩子在一年级了解了一些新的东西后奔回家里（在校园里道听途说太可怕了），他仿佛知道了一切。

---

① 在英美等国家，小孩子会将掉下来的牙齿放到枕头底下。他们相信在睡觉的时候，牙仙会悄悄地把那颗牙齿取走，并且为他们留下一个小礼物。——编者注

估计是一个朋友，不顾我多年的沉默，泄露了秘密。正当我极力抑制失望情绪时，我家的小福尔摩斯宣称："我知道谁是牙仙!"此时我的大脑在飞速旋转思考答案，他继续说："是比利·高登的妈妈!"

我解释说，如果比利·高登的妈妈每晚周游世界，收集牙齿并拿出钱来，那是非常荒唐的。我指出这是一个误传。幸运的是，由于缺少调查的本能，或是他们多年来已学会了迎合我，我的几个孩子只好到此为止了。

我隐藏了这个秘密，没有揭穿牙仙是不存在的。在我们家，不论孩子相信哪个故事，都没有关系，但在股市里，我只想让他们知道一个故事版本。我们总有一天要长大，总会知道没有牙仙。现在，是你该知道的时候了。当你来到华尔街你会明白：

这里没有牙仙!

就是这样的。在华尔街，钱不会神奇地出现在你的枕头底下，没人给你盖被子，没人照顾你，没人给你提建议。一旦你离开温暖舒适的家，简单的事实就是，只有靠自己。

要想知道为什么会是这样的，我们要在华尔街上稍微走一走。但在我们出发之前，让我们做些假设。首先，你想用自己的一些钱做长期投资。（在这里，长期意味着你在今后至少3～5年中不需要用这笔钱支付日常开销，当然，时间越长越好。）[1] 其次，你希望从投资中获得尽可能多的收益，但你不想冒无谓的风险。最后，你听说（通常是事实）股市为长期投资提供了高回报的可能性，你正想往这里投入大部分钱。那好，我们从哪一站开始呢？

典型的一站是我们的友好邻居——股票经纪人，他是一位投资专家，他的工作是手把手帮你投资。你的股票经纪人将帮助你在个股、债券、投资基金，以及各种其他投资方式中选择。如果你拥有足够的资金，他甚至可以在电话上与你一起讨论，试图了解你的需要，并为你提出建议。

但这其中还有问题。如果你的经纪人像其他大多数人一样，他并没有兴趣帮助你。大多数经纪人只是为了佣金而卖给你股票、债券或

> 在华尔街，钱不会神奇地出现在你的枕头底下，没人给你盖被子，没人照顾你，没人给你提建议。一旦你离开温暖舒适的家，简单的事实就是，只有靠自己。

① 既然市场先生在短期的表现可能极不稳定，你在后几年需要的资金最好存在银行。否则，你可能会被迫在错误时期（比如，在你需要钱来支付花销时，在市场先生情绪低落给你的股票定价很低时）把钱交给市场先生。

其他投资产品，他们的目的是拿佣金而不是为了帮你挣钱。当然，尽管他们对你的成功有兴趣，而且许多人是训练有素的专家，但他们的主要目的仍然是向你推销。他们学会了要遵守规则，了解金融术语，解释不同的投资产品。至于如何让你在股票中赚钱之类的事，他们早忘得一干二净了。

你可能想把自己的钱投到共同基金中去。对小投资者来说，这是一个完美的解决方案。共同基金是一种由专业基金经理管理的投资基金，基金经理通常会选择 30 ~ 200 只不同类型的股票或债券组成一只基金。这对于小投资者来说是极为有效的方法，能使资金分散在众多不同的投资领域。

但这里仍然存在一些问题。如我们以前讨论的，能以独特的眼光洞悉众多不同的公司和投资债券并非易事。因此，拥有几十，甚至上百种股票或债券通常不能带来超过平均水平的回报。当然，这里还涉及一个小问题——佣金。共同基金管理公司需要为他们提供的服务向你收取佣金。数学常识告诉我们，平均回报减去佣金等于平均水平以下的回报。因此毫不奇怪，减去佣金和其他费用后，绝大多数共同基金的收益没有超越市场平均水平。

但这也没关系，我们可以寻找能超过市场平均水平的共同基金经理。要想了解一个基金经理的水平是否超过市场平均水平，只需查看该基金的业绩就可以了。该方法的唯一问题就是，在一般情况下，一只基金过去的优良业绩与它未来的回报之间没有关系。甚至那些为共同基金评级的公司也不能很好地确定哪些基金能够在未来表现良好。

这其中有很多原因，而且都很难解决。共同基金管理公司的赢利取决于能有多少资金投在每只基金上。业绩好的基金通常会吸引更多的资金。一般情况下，吸引资金对共同基金是有利的，但一旦基金规模扩大，基金经理就很难继续使用同样的能够获得成功回报的方法。资金规模越大，可选的好方法越少。大型基金可能不会再选择有助于成功的小公司投资策略。此外，即使聪明的基金经理也有不好的投资记录（就像神奇公式一样）；相反，较差的基金经理也会有较好的表现。所以，过去良好的投资记录对预测未来的收益没有多少帮助，挑选一个好的基金经理如同挑选优秀个股一样困难。如果你能选到优秀个股，你也许就不需要优秀的基金经理了！

也许，你会转而考虑投资一只对冲基金。有些特殊的私人投资基金通常只对极为富有的投资者开放。不过，在大多数情况下，除非你拥有至少 50 万美元的资金，否则你可能不会选择这种方法。法律规定，大多数对冲基金只接受能够承受大笔资金损失的投资者。即使你能获得这种殊荣，这种选择是否明智，也值得怀疑。

对冲基金作为投资基金比大多数共同基金具有更多的灵活性，基金经理可以利用该基金的资金以及借来的钱购买多种证券。一般情况下，他们可以在股票、其他证券或整个市场的涨落上下注。大多数共同基金只在自己持有的证券价格上涨时才能赚到钱，而对冲基金通常依靠借钱来赌不同证券的涨落，这是它们相比大多数传统基金的优势所在。但大多数对冲基金的佣金很高，至少是所管理财产的 1%，外加赢利的 20%。毫无疑问，正是在高额佣金的吸引下，成千上万的对冲基金在过去几年间纷纷出现。多数对冲基金无意调整它们的佣金，很多大基金经理都没有这个意愿，因此你很难找到一只佣金较低的对冲基金。

这就是许多人只选择在指数基金上投资的原因。① 所谓指

① 或是交易型开放式指数基金（ETF），一种类似于股票交易方式的指数基金。

> 如果你不想费力气，而且不介意获得市场平均水平的回报，指数基金是一个很好的选择。如果你有能力分析企业情况并希望付出努力，个股可以成为你的选择。

数基金就是一种回报与市场平均水平相等，而佣金极少的共同基金。这些基金选择一个市场指数（可能是包含500种最大股票的标准普尔500指数，或是包含2 000种小股票的罗素2 000指数），并买入该指数下的所有股票。尽管这种投资策略不能帮你稳赚，但它能帮你获得至少与市场平均水平接近的回报。[①] 在考虑了佣金和其他成本后，大多数其他投资渠道都只能给你带来小于指数基金的回报，很多人在仔细研究过这种现象后得出结论，认为获得市场平均水平的收益其实是很好的选择。事实上，在过去的80年中，股市的平均收益率每年超过10%，这一点也不坏。

但如果你想获得高于平均水平的回报，该怎么办呢？简单

---

① 而且，如果你不是利用免税的退休账户进行投资的话，税收对你而言就非常重要。这种投资策略能够减少你需要交纳的税，这是因为指数基金一般不会卖出它们的股票，除非某只股票从该指数中脱离。这种股票占指数的比例一般每年不到10%。

的事实是，在我们的行程中没有哪一站能为这个问题提供答案。这是正如我以前告诉过你的：在华尔街，没有牙仙。一旦你离开了家，你可以将自己的钱放在一个专业投资者的枕头底下，但很可能当你醒来时，面对的是一片狼藉。

当然，我知道你要问的问题，你该怎么办？你能做些什么呢？你能从谁那里得到帮助呢？

毫不奇怪，在经历了25年的投资生涯后，我曾多次被问到以上问题。每次我都会推荐一个特别好的共同基金经理或对冲基金经理。我也偶尔为他们推荐一些股票，但这种偶尔的指点不足以成为他们可依赖并广泛使用的长期投资策略。

所以，我常常不知所措。如果你不想费力气，而且不介意获得市场平均水平的回报，指数基金是一个很好的选择。如果你有能力分析企业情况并希望付出努力，个股可以成为你的选择。唯一的问题是，大多数人没有时间或能力去逐个分析公司。我们在上一章中讨论过，如果你不知道如何评估企业并计算今后几年的正常收益，你首先就不能投资个股。

问题就在这里。这看起来令人难以置信，如果你真想超越市场，这里只留下一个好的选择：神奇公式。

这就对了。就像我早先承诺的那样，通过遵循本书结尾提出的简单步骤，你就能利用神奇公式超越市场。你能获得长期而非凡的投资回报，而且能在低风险的情况下获得这些收益。通过环环相比的步骤，你能准确地知道向哪里走，如何做。这无须做很多工作，只需每隔几个月花上几分钟的时间即可。

但这并不是难点，难点在于是否你理解了神奇公式为什么能够奏效，难点在于即使当你的朋友、专家、新闻媒体和市场先生向你做出其他暗示的时候，你是否继续相信神奇公式是有意义的。最后，难点才刚刚出现，虽然我试图把它说得尽量轻松一些。

那么，祝你好运。我完全相信在遵循本书所讲的内容后，你将取得极大的投资成功。这就使得下一章极为重要。如果我的推断是正确的，你应该还有一个大问题。我是很严肃的，我的意思是，你打算用这些钱来做什么？

小结

1. 在华尔街，没有牙仙。
2. 没有什么比得上神奇公式。
3. 利用神奇公式在股市中稳赚的步骤，将在学完下一章后出现。

第十三章

赚钱之后

如果你有一大笔钱，你会做什么呢？当然，我的意思是在你照顾好你的家人和亲友后，在为退休以及你的家庭的未来做好准备后，还有在购买了几件奢侈品后，你打算做什么呢？

事实上，你可能有一天必须要回答这个问题。但别担心，我不会拿一大堆数据让你头疼，我也不会告诉你可以利用神奇公式赚多少钱，我甚至不会和你讨论复利问题。也就是说，你投入一笔小小的资金，经过一段时间获得了合理的收益，你会用这些收益进行再投资，最后赚一大笔钱。而我不会继续谈论这一点。

在新规则下，向有税收优惠的退休账户中投入大额资金的方法可能值得一谈。事实证明，如果从现在开始到接下来的几年里，每年都按照最大限额向个人退休账户（IRA 账户）① 投资，你就有可能把相对较少的钱变成一大笔钱。显然，如果采用以前神奇公式的赚钱模式，这种方法对你来说可能真的意味着不菲的收益。不过，遗憾的是，这也不在我们的讨论之列。

只要在6 年的时间里总计投入28 000 美元（2006 年和2007 年每年的最高限额是4 000 美元，自 2008 年起，最高限额连续4 年是5 000 美元②），你的退休账户在20 年后就会超过325 000 美元，在 30 年后会超过130 万美元。也就是说，你要有15%的年化投资收益率才能得到这样的结果。当然，神奇公式过去的年度表现在某种程度上优于 15%，但是随便预测一个更高的未来年收益率是不负责任的行为。因为如果选择的数字是 20%，那么最初的28 000 美元③在20 年后会变为752 000 美元，在30 年后会超过430 万美元。如果每年的收益率达到一个天文数字

① 既不是传统的投资性退休账户，也不是罗斯退休账户。

② 此后不再以任何形式向账户投入资金。

③ 按照4 000 美元的最高限额投资 2 年，按照 5 000 美元的最高限额投资 4 年，6 年的总投资额等于28 000 美元。

如25%（这个收益率仍然低于之前神奇公式的小股票组合的收益率），这28 000美元在20年后就会超过160万美元，在30年后超过1 340万美元。① 但是谁会真的这么计算呢，就这种数字吗？感谢上帝，我有良好的判断力，我可不会这样。

但我会告诉你，如果你仍在上中学，总会有人对你兜售，我的意思是任何人都有可能，他们想让你以25美分买一片口香糖，但不论他们的摩托车多么吸引人，或他们的销售技巧多么具有说服力，我给你三个字的建议：别接受！

> 如果你明白所投资的25美分能在你人到中年时变成200美元，你就不会把钱浪费在一片口香糖上了！

我这么说并不是由于在某个时候你可能不得不站在街角面对一堆口香糖，我这么说是因为，如果你明白所投资的25美分能在你人到中年时变成200美元，② 你就不会把

① 有一点很有意思，在30年的期限中，如果你决定在余下的24年里每年都按照最高限额投入5 000美元，而不是像我们的例子当中那样只投入6年，那么你的IRA账户就会变为大约1 650万美元，而不是只投资6年得到的1 340万美元。我们应该谈谈复利问题，后面24年投资所得收益较少这一结果证明，为了充分获得复利收益，真正重要的是尽早开始。

② 25美分，年收益率25%，一直投资30年，你就能拿到200美元。当然，我并不是说你真的会获得这种回报（你知道，我永远也不会这么说）。

钱浪费在一片口香糖上了！你不会把钱花在很多事情上，反而会开始考虑尽量攒钱，花时间找到好的投资方法，这就是我想说的。

不过，有一件事我没有说，那就是利用神奇公式进行未来的投资能保证你会取得与过去一样的非凡成就。我不知道这一点[①]，但我能说：

我相信，利用神奇公式以及神奇公式背后的原理指导你未来的投资是最好的投资选择。我相信，如果你在任何情况的某一时刻下都遵循神奇公式，你将在一定时候超越市场平均水平。简而言之，我相信即使每个人都知道了神奇公式，你的投资结果也会继续让人“相当满意”，而且，运气好的话，还会相当出众。

但问题在这里，事实上，你在股市投资上花费的所有时间和精力并不是很有效。通常，当你买卖一家上市公司的股票时，你只是在同另一个股票持有人进行交易。换句话说，该公司并

① 对过去17年的研究结果表明，市场平均年收益率大约为12%。而我对市场未来平均水平的预测是每年最多为6%～10%，你可能想开始调整自己的希望和对未来的预期，即在我们的研究结果的基础上，将使用神奇公式的收益率下调3%～4%。但是再说一次，我真不知道。

没有参与其中，它从交易中没有获得任何利益。

很多人认为，这些买卖行为不管怎么说都是有用的。这些人应当看到，通过买卖股票，一个活跃的公司股票交易市场建立了起来。从理论上说，如果一家公司需要补充资金，它可以决定将股票卖给市场。它可以利用这笔钱支付账单、开设工厂，或以其他方式扩张。这都是事实。同样，如果贾森决定把他的口香糖店从10家扩大到300家，他可以将新增业务的股份直接出售给公众，用所筹资金扩张业务。由于贾森口香糖店的股票买家知道在他们买入后会有一个出售这些股票的市场，贾森就能很容易地为他的业务筹集到资金。那些看到股票交易巨大利益的人也意识到了这一点。

我恰好不属于这种人。没错，有市场存在是件好事。事实上，这很重要。但每天超过95%的交易，可能都是不必要的。即使不存在这些交易，市场仍能良好运行，没有你的投入，市场仍会很健康。

事实上，在每学期的第一堂课，我都会告诉我所有的MBA学员，我教给他们的技能价值是有限的。并不是说，他们不能利用所学的东西挣大钱，而是他们可以将自己的时间和知识投在更有用的地方。因此，我通常让我的学生自己去找方法，而不是简单地教他们如何去做。

所以对你来说，我希望本书以及书后的步骤说明能帮助你实现你所有的投资目标，我坚信本书能达到这个目的。我也希望这些投资目标将包括借着你的好运气在那些重要而有益的领域中创造奇迹。

祝你好运！

当然，除去关心那些与你亲近的人，还有很多值得你花钱去做的事情。不论是支持医学研究、帮助贫困者、促进社会公正，还是帮助任何你认为应该伸以援手的人或事，所有这些都值得你倾囊相助。可是，既然本书论述的是如何投资在能够获得高资本收益率的地方，我还有一个想法供你参考。

正是我们的教育体制造就了企业家、科学家、工程师、技术人员和各种高层次人才，他们促进了我们的经济增长且蓬勃发展。从长期看，股市反映了这一进步。但是很显然，我们也在浪费自己很多的潜能。几乎在每个美国大城市里，只有一半的公立学校的九年级学生能从高中毕业。想想这一点，无疑有很多原因导致了这种巨大的浪费，但不论何种问题，显然所有的年级都不可避免。很多进入九年级的学生甚至落后于四五年级的学生。

那么，我们应当如何解决这一问题呢？很明显，教育年轻人应当是首要任务，花钱教孩子们掌握必要的技能，使他们成为社会上有创造力的成员，应当是一项伟大的投资。谈到高资本收益率，同样明显的是，教育工作做不好会带来负面成本——如犯罪、吸毒、滥享社会福利等。那么，我们应当如何解决这一问题呢？

这个问题简单明了。如果我们打算整顿像花椰菜店那样的企业，我们首先需要改变一些事情。我们可能会把表现差的经理解雇，雇用更好的销售人员，再做些广告。最后，如果经营状况没有好转，我们可能就要将商店关闭。那些不能获得适当资本收益率的公司最终要退出市场，这是很有益的事情。钱能够被自动地转移到那些可以有效利用新资本的企业中，而不是继续投到表现不佳的企业中，这就是经济得以长期增长和繁荣的规律。

那么你应当如何整顿公立学校体制呢？首先，你会进行一些改变。你可能会解雇不好的教师，给优秀教师付更多的薪水，撤换无作为的校长，最后，可能会关闭糟糕的学校。花费在较差学校上的钱就会转移到能够获得高资本收益率的学校（不论是公立或私立）上。然而，就城市里的公立学校看，同样的问题已经持续40多年了，所谓的“整顿”也进行了如此长的时间！

不同之处在于，如果整顿没有产生效果，企业就会关门。而在公立学校，这种情况很少发生。要想辞退表现不佳的教师，给好教师提高工资或关闭学校，几乎是不可能的。简而言之，对糟糕的表现没有惩罚，对好的表现没有激励。正如，对经营糟糕的企业没有惩罚措施。

这样，花费在较差的教师和学校身上的资金就无法转移给能获得更高资本收益率的教师和学校身上。所以，如果我们想要运用已经学会的原则，就应该采取相关的措施解决公立学校改革、特许学校以及特许项目等问题。否则，我们就会陷入“花椰菜”式学校体制的泥淖中无法自拔。

THE LITTLE BOOK
THAT STILL BEATS THE MARKET

第十四章

应用指导

这就是整本书的内容。如你所知，神奇公式在过去取得了出色的成果，所以我们的目标就是制订一个容易遵循并且能带来好结果的计划。但在采取任何方法之前，我们需要考虑一些事情。

首先，由于书中的收益情况是根据神奇公式选择的大约 30 只股票得出的，所以我们应该确定我们的计划至少一次包括 20 ~ 30 只股票。记住，神奇公式一般说来是奏效的，所以，从长期看，持有多种由神奇公式选择的好股票将有助于我们接近这个平均水平。①

---

① 显然，如果你善于分析企业并进行你自己的研究，只是利用神奇公式作为发现有吸引力的个股的指南，这种多样化的选股规则对你并不适用。反过来，如果你在个股身上花费的工夫不多，或者根本就没花工夫（像大多数投资者一样），购买 20 ~ 30 只神奇公式选择的股票对你来说最合适不过了。

其次，在我们的测试中，每种股票都要持有一年。持有股票一年对免税账户仍然有利。对于纳税账户，我们可以进行一些微小的调整，对于在买入后出现损失的个股，我们打算在一年期结束之前将其卖出；对于那些带来收益的股票，我们想在一年期满后的一两天内将其卖出。这样，我们所有的收益都能享受专为长期资本利得提供的低税率优惠（根据联邦政府法令，持有期超过一年的股票，税率较低），而我们所有的损失都将享受短期资本利得税收待遇（比其他收入来源的税率要低，否则就要多付出35%或40%的税率）。随着时间的推移，这些细微的调整会极大增加我们的税后投资回报。

最后，要记住万事开头难。我们可能不想一次购买全部30只股票。为了重现测试中的结果，我们必须在投资的第一年朝神奇公式投资组合的方向努力。这意味着，每隔几个月我们就要在投资组合中增加5～7只股票，直到在我们的投资组合中有了20～30只股票。此后，当我们投资组合中的股票满一年期的时候，我们只需更换已到期的5～7只股票。要是你不太明白这一点，别担心，按照我们的应用指导去做就行了。

解决了这一问题之后，我们需要讨论一些简单的能发现神奇公式股票的方法。有多种渠道可以帮助我们在众多的股票中进行筛选，包括网上查询系统。其中有些渠道是免费的，有些则需每月支付一定费用。依据操作的难度，以及数据资源的可靠性、灵活性和跨度的不同，每种渠道都有自己的优势及劣势。如果满足某种条件，大多数渠道都能给我们带来一组符合神奇公式要求的股票。这一点将在下面讨论。

有一个专为本书建立的股票筛选网站，这就是 magicformulainvesting. com。设置这一网站的目的是为了帮助投资者能够尽量获得书中所说的收益率，目前这一网站是免费的。接下来你就可以利用该网站，根据应用指导来选择股票了。

其他渠道包括但不限于以下股票查询网站：aaii. com，powerinvestor. com 和 smartmoney. com。尽管这些渠道一般说来都不错，可以免费或以合理的价格使用，但它们都不是专门为了挑选神奇公式的股票而设置的。由于用户的选择标准以及数据资源的差异，它们只能提供一个大概的信息。在这些网站上，我们只能找到一般的筛选指南。

渠道一：magicformulainvesting. com

第一步

登录 magicformulainvesting. com 网站。

第二步

按照说明选择公司的规模（如市值超过 5 000 万、2 亿或 10 亿美元的公司等）。对大多数个人投资者来说，市值超过 5 000 万美元或 1 亿美元的公司应该是比较适宜的。

第三步

按照说明获得位于神奇公式前列的公司名单。

第四步

买入排名靠前的 5 ~7 家公司的股票。作为开始，在第一年里投入你计划投资金额的 20% ~33%。

第五步

每隔两三个月重复第四步，直到你已投入所有你打算用于神奇公式投资组合的资金。经过 9 ~ 10 个月后，你就会有一个由 20 ~ 30 只股票构成的投资组合（例如，每三个月买入 7 只股票，每两个月买入 5 ~ 6 只股票）。

第六步

持有一种股票期满一年后就将其卖出。纳税账户在持有期满一年后几天内卖出已经赢利的股票，在持有期满一年的前几天将亏损股票卖出（如前所述）。用卖股票的钱和新增投资买入同等数量的神奇公式股票，替换已卖出的公司（第四步）。

第七步

在多年内延续这一过程。记住，你必须保证在不考虑结果的情况下至少延续这一过程达 3 ~ 5 年。否则，你就很可能会在神奇公式发挥效用之前错失良机。

第八步

不要客气，给我写信表示感谢吧。

渠道二：一般筛选指南

如果利用 magicformulainvesting. com 之外的其他筛选渠道，你应当采取下面的步骤以最大限度地获得神奇公式的回报：

- 利用 ROA（资产收益率）作为筛选标准。将 ROA 的最低标准设置为 25%（这将取代神奇公式研究中的资本收益率）。
- 在 ROA 高的股票中，筛选那些 P/E（市盈率）最低的股票（这将取代神奇公式研究中的股票收益率）。
- 从名单上排除所有公用事业和金融类股票（如共同基金、银行和保险公司股票）。
- 从名单上排除所有外国公司股票。在大多数情况下，这些公司的名称后会带有后缀“ADR”（即“美国存托凭证”）。

- 如果某种股票的P/E值非常低，比如5或者更低，这可能说明上一年有异常情况或数据的使用在某些方面出了问题。你可能想从你的名单中排除这些股票，你可能还想排除那些在上周公布收益的公司（这应当有助于降低数据不准或不及时的可能性）。
- 在获得你的名单之后，按照magicformulainvesting. com网站中的第四步和第八步去做。

2010版后记

在我的第一本书中，我讲了一个被国王判处死刑的农夫的故事。农夫跪在国王前面说："噢，伟大英明的国王，如果您让我再多活一年，我发誓我能教会御马说话。"国王认为自己没有什么损失，就答应了农夫的要求。从王宫出来的路上，一个卫兵把获释的农夫拉到一旁问道："你究竟为什么要向国王保证你能教会马儿说话呢？你肯定会失败的，期限一到国王会杀死你的。"农民冷静地转向卫兵，答道："要知道，在一年里可以发生很多事。也许国王会忘了我，也许国王会死掉，也许马儿会死掉。如果我真的走运，也许在这一年的时间里，马儿学会说话！"

自我写作本书第1版算起，也已经过去了5年。我不确定我们是否幸运，但是这段时间真的发生了很多事情。以标准普尔500指数来衡量的股市经历了先上涨，后暴跌的起伏，然后又恢复到与5年前大致相当的水平（但是仍比10年前略低）。经济经历了房地产泡沫、深度衰退和部分复苏。在这样的市场与经济情况下，我们在过去5年里学到了什么？我需要修改第1版里的内容吗？我还要增加新的内容吗？神奇公式在这一艰难时期的表现如何？

很高兴你能这样问。显然，某些事情没有改变。神奇公式所依据的原理还是一样的。本·格雷厄姆教导我们在投资时预留足够大的安全边际，这是最重要的投资概念。换句话说，就是找出质优价低的东西。在公司的价值和我们付出的价格之间预留巨大的空间便能够创造安全边际，带来长期投资的成功。

格雷厄姆关于“市场先生”的描述尤其切实且意义重大。市场是情绪化的。它经常走向悲观与乐观的极端，价格常常产生剧烈波动，在短期内尤其显著。在过去几年中，毫无疑问我们已经见证了许多次这样的情况。然而，格雷厄姆指出，企业长期价值的变化不可能像股价变化那样经常与显著。情绪化的价格波动有时会导致股价远远低于标的企业的价值并为聪明的投资者所用。但是，这些低价机会通常掌握在能够区分价格与价值，而不是凭情绪来决策的投资者手中。

神奇公式将找到一组以相对于真实价值可低价交易的公司，并试图找到安全边际。它通过寻找盈利高的企业来获得安全边际。相对于我们付出的价格，公司的盈利越高越好。实际上公式并不是关注盈利与价格（根据不同公司的债务与税率差异进行调整）那么简单，但思路是相同的。根据公司价格相对于盈利的低廉程度，神奇公式按次序将公司分级，并且因为它是公式，所以市场先生的情绪对它毫无影响。

但是在决定买进哪家企业之前，神奇公式还要做些别的事情。公式的这一部分由格雷厄姆的门下高足沃伦·巴菲特创造而来。在格雷厄姆通过高安全边际投资寻找低价股的原始思想基础上，巴菲特增加了一个特别重要的概念。这一看似微小的改进或许就是巴菲特成为世界上最成功投资者的主要原因之一。从根本上来说，巴菲特（深受他的合伙人查理·芒格的影响）认为以低价买进公司很好。但是，以低价买进优质公司更好。

优质企业的价值通常会随着时间的推移而增长，劣质企业的价值会随着时间的推移而减少。当买进一家劣质企业的时候，随着对这家实际价值不断缩水的劣质企业（想想花椰菜公司）的持续投资，最初较大的安全边际会减少甚至完全消失。对于优质企业来说，情况正相反。长期拥有一家能够不断将赢利以高收益率进行再投资的企业（想想资本收益率达50%的贾森口香糖店），的确可以创造附加价值并有效地提高最初的安全边际。

神奇公式能够系统地寻找经营良好的公司。经营离不开两大因素：营运资本和固定资产。在贾森口香糖店的例子里，经营所需的营运资本包括足够的购买口香糖存货的资金，固定资产包括店面陈列和店铺本身。神奇公式的目的就是评测每家公司将其在营运资本和固定资产上的投资转化为赢利的能力。相对于在营运资本和固定资产上的投资，公司创造的盈利越多，神奇公式给它的经营排名越高。

再强调一次，神奇公式并不只是寻找低价公司，也不是寻找优质公司。它会设法买进那些将价低质优结合得最好的公司。这一思想在过去的5年中没有改变。显然，股价随着时间的推移而改变。赢利的情况也一样。神奇公式将这些改变计算在内，然后对公司进行相对排位。无论市场环境如何，永远有公司排在前面。典型的市场指数以平均价格买进平均水平的公司，而神奇公式寻求的是以低于平均水平的价格买进高于平均水平的公司。这一投资策略不仅合乎逻辑（对此我们将再次检验），似乎还能长期奏效。

遗憾的是，我们遇到了短期造成的一些问题。神奇公式有一些严重缺陷。事实上，其中两个缺陷相当大。第一，公式常常不能奏效。我之所以发现这个缺陷的其中一个原因是，在本书第 1 版出版后，我收到了大量电子邮件，深知坚持一个已经 6 个月、12 个月，甚至更长时间没有效果的策略真的很难，而坚持一个建议购买由电脑筛选出来的 20 或 30 只股票的策略更非易事。

对真正看报纸的人来说，固守这样的策略特别困难。被公式筛选出来的公司近期几乎都因这样或那样的原因不再炙手可热。建筑业繁荣期结束，医疗改革稀释收益，消费者过度消费……几乎神奇公式名单上排名靠前的所有股票，都有不宜持有的重大理由。事实上，神奇公式选择出来的很多公司的表现都不如市场表现。一般来说，在我们的测试中，只有 50% ~ 60% 的高排名股票能战胜市场。但是，平均下来，神奇公式投资组合的表现却非常好。为什么会这样?

这样来想，如果投资者对大多数神奇公式所选择的公司今后的预期不是过于悲观的话，他们是不会太失望的。即使预期公式所选的某些公司在今后几年盈利较低，真正反映在股价上也不会下跌太多。在许多情况下，较低预期已经在股票的买价上反映出来了。另一方面，如果盈利稍高或显著高于股票购买价所反映出来的悲观预期，这样的股票往往很可能在未来若干年取得非常优异的表现。

因此，如果在未来几年盈利不会很好的公司身上的损失不是太多，同时在未来几年盈利稍高或很高的公司身上能够赚到很多，这是一个相当不错的办法！长期平均来看，买进 20 或 30 只神奇公式股票，似乎能够提供相当令人满意的收益。只不过这个策略往往在短期时间内——有时并不太短，无法奏效。

还有一种想法。为何不是从神奇公式排名最高的股票里选择，而是全部买进呢？在过去的 5 年里，许多人给我写信，建议对神奇公式策略做这方面的改进。也许我们可以只除去可能会因医疗改革受损的制药公司，或是可能在即将到来的经济衰退中受到不利影响的消费股，抑或目前由于某种理由看起来不太好的其他公司。

当然，这种做法不太合理。唯一的问题是我们还没有找到一个切实可行的好方法。神奇公式选择的大多数公司正面临不利环境或某种不确定性。一知半解是非常危险的，在股价所反映的预期普遍较低的情况下，通常很难确定哪家公司会表现得更好一点儿。相反，20 或 30 只神奇公式股票是一个可选的策略，这与保险公司的操作类似。

当一家保险公司向 1 000 个某一年龄的人销售人寿保险时，他们能够相当精确地估计出这些人中会有多少不幸撑不到下一年（委婉的表达）。保险公司无法确切知道这 1 000 人里谁会过世，但是他们能够精确地估算出这 1 000 人中平均多少人会继续生存下去。同理，当我们买进 20 或 30 只排名最高的神奇公式股票组合时，我们不知道其中哪一只的表现将来会战胜市场。我们只知道平均来看，我们正在买进股票收益率和资本收益率相对较高的公司。最终的结果，是一个由平均的价低质优的公司组成的投资组合。

即使这一策略从长期来看似乎奏效，但是短期内市场先生未必合作。所以，第一个缺点是很明显的。神奇公式策略会在好几年里低于市场表现。但有些重要的事要牢记。如果公式真的在每月、每季、每年（然后，有个傻瓜决定就此写一本书）都奏效，那么几乎所有人都会遵从这个公式。被公式选中的股票的价格就会被推高，公式最终将不再奏效。从某种意义上来说，这个公式的伟大之处就在于它并不那么伟大！

如果遵循公式，很多时候你要被迫买进一组看报纸的人不会考虑购买的冷门股票。然后，你可能并且经常不得不在你的投资组合低于市场表现的时候坐等若干年。简而言之，在过去5年里如果你能看到我的电子邮箱收件箱，你就不会为人人都会看这本书，都用这个公式，然后毁掉这个公式而担心。坚持一个持续若干年不能奏效的策略，是很难的。

不过，我们还面临着第二个缺陷。在某些方面，它比第一个缺陷还要大。虽然看起来似乎显而易见，但它也是第一个我希望之前能够多加强调的问题。第二个缺陷很简单：战胜市场与赚钱是两码事。我们买进了一个100%看多股市的投资组合，如果股市下跌，我们的投资组合也会随之下跌。如果股市下跌40%，而我们下跌38%，这样的战胜市场不会带来太大的安慰。

但是我坚信，对大多数人来说，股市投资应占其投资组合的重要部分。占比可以有很大的不同。对一些投资者来说，合适的比例可能是占到总投资组合的40%，而对其他投资者来说这个数字可能是80%。投资多少应建立在一系列个体化考虑之上。但是，对于你的投资组合中股市所占的部分而言，我相信神奇公式策略是最好的选择之一。遗憾的是，首次在股市中投资多少是一个更难的问题。

在你因恐慌而退出股市之前，你愿意（或能够）承担的损失是多少？如果你承受不了策略会在若干年里不起作用的结果，投资这样大一部分资产在一个长期策略上是没有意义的。对神奇公式来说，困难时期在所难免。正如我们在前面讨论的，公式可以若干年低于市场表现。如果市场下跌，它也可能赔大钱。

那么，让我们来看看神奇公式的最新结果吧，看看表 A－1 所示的收益与损失，看一看在长期策略奏效的情况下会发生什么。

虽然有缺陷，但是神奇公式似乎长期表现良好（幸运的是，我也收到了许多令人欣慰的电子邮件）。在过去 10 年里，我们对美国最大的 1 000 家公司（市值在 10 亿美元以上）的检验结果非常有意思。这是一个标准普尔 500 指数发生罕见下跌的 10 年期。另一方面，根据我们的回溯检验，神奇公式在同期赚到了 255% 的收益。（资金增长超过了两倍！）也就是说在这 10 年期中，神奇公式有 13.5% 的年化收益率，而标准普尔指数却每年下跌 0.9%。

表 A－1　截至2009年最新神奇公式结果

年份	最大的1 000只股票（市值超过10亿美元）	最大的3 500只股票（市值超过5 000万美元）	标准普尔500指数
1988	29.4%	27.1%	16.6%
1989	30.0%	44.6%	31.7%
1990	(6.0%)	1.7%	(3.1%)
1991	51.5%	70.6%	30.5%
1992	16.4%	32.4%	7.6%
1993	0.5%	17.2%	10.1%
1994	15.3%	22.0%	1.3%
1995	55.9%	34.0%	37.6%
1996	37.4%	17.3%	23.0%
1997	41.0%	40.4%	33.4%
1998	32.6%	25.5%	28.6%
1999	14.4%	53.0%	21.0%
2000	12.8%	7.9%	(9.1%)
2001	38.2%	69.6%	(11.9%)
2002	(25.3%)	(4.0%)	(22.1%)
2003	50.5%	79.0%	28.7%
2004	27.6%	19.3%	10.9%
2005	28.9%	11.1%	4.9%
2006	18.1%	28.5%	15.8%
2007	7.1%	(8.8%)	5.5%
2008	(38.8%)	(39.3%)	(37.0%)
2009	58.9%	42.9%	26.5%
平均收益率	19.7%	23.8%	9.5%

但重点在这里，即使在神奇公式取得优异表现的 10 年里，投资者仍然必须承受很多糟糕的表现。事实上，在这 10 年中，神奇公式有 34 个月的表现低于标准普尔 500 指数的表现，此外还有一个与这一时期不重叠的 13 个月的不佳表现。在这辉煌的 10 年间，神奇公式有将近 4 年的时间年化收益率超过指数收益率 14% 以上。在神奇公式年均表现“仅仅”高于指数 5% ~ 10% 的日子里，想象一下，神奇公式投资者该有多大的耐心才行！

特别要注意的是，我们的“所有市值股票”策略（选择市值 5 000 万美元以上的公司）在 2007 年的表现非常差。在 2007 年，这一投资组合亏损 8.8%，而同期标准普尔 500 指数上涨 5.5%，我们在 1 000 只最大股票中选择的神奇公式投资组合的收益率是 7.1%。除了神奇公式投资组合的短期不可预测性之外，2007 年对于“价值”股和小市值股票来说，是一个特别糟糕的年份。举例来说，在 2007 年，小盘股“成长”指数的表现超过小盘股“价值”指数表现 16.8%，同时大盘股超过小盘股 7.3%。两个因素的共同作用，使得坚持神奇公式小市值股票组合策略格外困难。

不过，这里有些鼓舞人心的东西。如果有人告诉我们，以标准普尔500指数衡量的市场会在接下来的10年里下跌（并且我们相信他们），那么我们可能会把钱花在别的事情上面。毕竟，如果知道市场在未来的日子里会下跌，我们为什么还要投资呢？但是如果情况的确如此，那么即便我们得到的是最精确的信息，我们也可能会做出错误的决策。通过遵循神奇公式买进价低质优，而不是价高质低的公司（就像指数的设计初衷一样），我们甚至能够在市场指数下跌的时候令资金增长两倍或更多！显然，这10年对神奇公式来说是特别好的10年。但在大多数10年期里，市场的上涨更为普遍。超过一般市场上涨收益（假设是每年5%）的优异表现（甚至超过5%或10%），也可以带来相当有吸引力的整体回报。

但是，为什么要在一开始就担心市场上涨呢？在本书的第1版中，我展示了一张测试表格，在测试中我们选择了大约2 500家美国公司，每月根据神奇公式对所有2 500家公司进行排序。然后，我们将所有公司按照排序分为10组，每组持有一年。那么，排名最高的250只股票是第1组，接下来是第2组（排名次之），一直到第10组（250只被神奇公式认为价高质低的公司股票）。这一实验截至2009年年末的最新结果见表A－2。

表 A－2　年化收益率（1988～2009）

第 1 组	15.2%
第 2 组	12.7%
第 3 组	12.1%
第 4 组	11.5%
第 5 组	10.7%
第 6 组	10.2%
第 7 组	8.8%
第 8 组	7.1%
第 9 组	4.1%
第 10 组	(0.2%)

同样的情况出现了。第 1 组优于第 2 组，第 2 组优于第 3 组，第 3 组优于第 4 组，等等，从第 1 组到第 10 组依次下降（第 10 组的确亏损很多）。当然，这些结果显示出了神奇公式的巨大威力。它不仅可以应用于排名高的股票，看来它对所有股票都有用。

本书第 1 版中的第 1 版表格，吸引了许多读者。我最聪明的学生（一些顶级资金经理）以及许多聪明的个人投资者都与我联系，提出他们深思熟虑后的合理建议。他们问我，为什么不是只买进第 1 组中排名最高的股票，然后卖空第 10 组中排名最低的股票（“卖空”——一种赌股票会下跌的方法）？换句话说，为何不在完全不承担市场风险的情况下赚取 15.4% 收益（持有第 1 组得到的 15.2% 的收益加上做空第 10 组得到的 0.2% 的收益）？通过同时做空和做多，可以在最小化风险的同时仍然赚大钱，还不必担心市场涨跌。

首先，我要感谢提出这一深刻且合理建议的每一个人。不过接下来，我想重申神奇公式的一个小小缺陷。这个公式并不十分配合，它不是一直奏效。有时最好的股票的排名会下降，同时最差的股票的排名会上升。当然，长期来看神奇公式在有条不紊地发挥着作用，第 1 组的收益远远高于第 10 组。市场先生只在短期内可以决定走另一条路。

如果在过去 22 年里，我们真的尝试买进第 1 组的所有股票、卖空第 10 组的所有股票，我们是不会有好日子过的。我们不是赚取 15.4% 的收益（持有第 1 组得到的 15.2% 的收益加上做空第 10 组得到的 0.2% 的收益），而是在 2000 年的某个时候遇到一个小问题——不，是一个大问题，我们会破产——亏掉我们 100% 的资金！无论给我们的期限有多长，“0”这个数字都不会带来任何复利！

所以，尽管我非常感谢所有的建议，但事实证明这个公式与其他建议并不配合。另一方面，这可能是一个好消息。如果公式的包容性很好，能够轻而易举地配合投资最高排名的股票而做空，那么随着时间的推移，我们的收益会更容易被买进最高排名的股票、卖出最低排名股票的套利交易所抵消（如果你不知道“套利”的意思，不要紧，接着往下看）。

相反，如果我们真想找到一个不会失败的多/空策略，我们可能必须做出妥协，使第一组股票更配合我们的做空投资组合的短期走势。每当我们妥协的时候（买进同一行业内的公司，或与我们的卖空组合波动性相同的公司），我们都不得不放弃优质与低价结合得最好的投资组合，我们的卖空部分也不得不放弃质低价高的公司。

我们越试图平衡我们的多空投资组合，我们离持有神奇公式排名最高的股票、卖空神奇公式排名最低的股票就越远。因此，在短期内表现出长期不相容特性，很可能是一件好事。为我们的神奇公式股票找到一个有效的短期对冲策略并不容易。因此，公式的大部分利益将继续由能够真正长期坚持的小部分投资者获得。

神奇公式策略的另一个特性很难用好坏来界定。不过，根据我们最新的回溯检验，记住下面一点可能有所帮助。在过去22年中，将神奇公式投资组合的表现分别与标准普尔500上涨与下跌期间的指数表现进行比较，结果显示我们的投资组合的大部分优异表现来自于标准普尔500上涨期间。以22年的平均水平来看，神奇公式投资组合“夺取”了标准普尔500指数下跌期95%的表现和上涨期140%的表现。

综合各方面考虑，我可能更愿意让神奇公式投资策略在市场下跌而不是上涨时保持超越市场的表现。但是我猜这就是神奇公式另一个不配合的地方。大多数人在市场下跌时会寄希望于价值股（主要因为价值股在买进时就已经被认为很便宜了）带来更强劲的支撑。对于以低市账率或低市销率出售的股票来说，这是对的。不过，很显然过去22年里神奇公式的表现并不是这样的。我只能这样猜测，神奇公式主要以公司赢利为基础，而投资者感觉在市场下跌的时候，公司的近期高水平赢利不如资产或销售额所起的保护作用大。无论如何，在市场下跌时少亏一点儿，在市场上涨时多赚一点儿仍然很划算，只要这种模式能够继续奏效。

在过去 5 年里，另一个我经常被问到的问题是，神奇公式在美国以外是否奏效。在我写完本书第 1 版之后，华尔街许多公司的确就此问题做了一些研究（结果表明这一公式在几乎所有被检验的国外市场都有效果），但是，我们自己没有做回溯性检验，这有两个原因：首先，我们得到的美国以外的大部分股市历史数据都存在着严重的缺陷，回溯性检验结果并不可靠。不过，过去几十年中许多关于经典价值指标（如低市盈率、低市账率、低市销率）的历史研究已经证明，这些指标在美国市场和国际市场同样有效，知道这一点也很有帮助。其次，也许是最重要的原因，我们对于神奇公式背后的原理的普遍性非常自信。买进质优价低的公司在所有市场都可行。因此我们毫不怀疑，从长期来看，神奇公式背后的逻辑将在全球发达市场和发展中市场发挥威力。

最后，我必须承认一件重要的事情。在过去 5 年里，尽管我一直力求将遵循神奇公式策略的过程简化——我创建了一个免费网站，提供高排名股票、简单的购买指导和有税收优惠的卖出方案——但是，我和孩子们已经发现实际上这并不简单。虽然神奇公式策略听起来简单，但是仍然有大量的股票需要购买和追踪，需要牢记大量的时机，还需要保持大量的记录。

在过去1年里，我们为了让大多数人更容易遵循神奇公式策略而创建了一个新的网站。有趣的是，即使这样，几乎所有人仍然在让别人帮他们做出选择，我和孩子们也包括在内。事实上，在面对选择方案的时候，97%访问新网站的人选择了采用现成的公式，而不是个性化决策并亲自投资，我只能说我比5年前写这本书的时候更理解这种态度。

但这也许是件好事。如果你选择并且信任一个合理的长期策略，每天、每月，甚至每个季度都紧盯着股票可不是个好主意。如果你能日复一日、季复一季地任由它们发展，你可能就会减少在错误时间做出错误决定的概率。即使对那些选择自己投资的人来说，保持“长期”的观点仍旧是成功的关键。

在过去的几年里，就像在写本书第1版的时候一样，我坚信神奇公式策略会对你的投资组合中股市投资的部分起着极其重要的作用。它也许会多年低于股票市场的表现。即使在超越市场表现的时间里，它也可能亏损。但是这个公式是合理的。长期来看，一个买进质优价低的公司的合理策略是会奏效的。

长期坚持这个策略是一项挑战，而我衷心希望本书中的经验和认识能帮助你迎接这一挑战。祝你好运！（因为我对“马儿会说话”表示严重怀疑。）

乔尔·格林布拉特

2010 年 6 月

附　录

重要提示：为了成功地利用神奇公式投资策略，你只需要了解两个基本原则。首先，以低价买入优质股是有意义的。一般说来，神奇公式能做到这一点。其次，市场先生需要几年时间才能认识什么是低价。因此，利用神奇公式投资策略需要有耐心。以下部分提供的信息仅是对这两点的补充评论。

本附录包括一些有关神奇公式的背景信息，主要供那些能够熟练掌握财务报表的人士使用。附录也将神奇公式投资策略的原理和结果与其他有能力超越市场的研究和方法进行了比较。

神奇公式

神奇公式依据以下两点对公司进行排位：资本收益率和股票收益率。这些因素可以用几种不同的方式进行衡量。以下将详细描述本书所选用的一些研究方法。[①]

EBIT/（净营运资本+净固定资产）

资本收益率是指息税前利润（EBIT）与占用的有形资本（净营运资本+净固定资产）的比值。之所以用这个比值而不是更常用的股本收益率（ROE，收益/股本）或资产收益率（ROA，收益/资产），有几个原因。

由于各个公司的债务水平和税率不同，使用息税前利润可

---

① 为研究方便，与收益有关的数据是以过去12个月为基础的。资产负债表项目以最近的数据为基础。市场价格以最新的收盘价为基础。不包括数据库中那些我们不能确定其信息及时性和充分性的公用设施及金融类股票和公司，对一些免息负债也进行了调整。在研究期间，我们平均持有30只股票。在本研究中，排除了流动性差的股票。市值按2003年的美元计价。每类公司的数目以及每种市值组公司的数目，将根据数据库中公司数目的变化而调整。

以反映公司的收益状况，可以使我们了解和比较不同公司的营业收益，避免出现由于税率和负债水平不同而导致的曲解。对每个公司而言，将经营产生的实际收益（EBIT）与用于产生这些收益的资产的成本（占用的有形资本）相比较就成为可能。①

净营运资本+净固定资产（或占用的有形资本）在涉及总资产（计算ROA）或股本（计算ROE）时使用。这里的目的就是算出从事公司经营活动实际上需要多少资本。使用净营运资本概念是因为一家公司不得不为应收账款和存货支付资金（本计算不包括从事经营活动不需要的多余现金），但不需对应付账款支付资金，这是因为这些应付账款实际上是一种无息贷款（在本计算中，流动负债里不包括短期有息债务）。除了营运资本要求的，一家公司还必须支付从事经营活动所必需的固定资产，如地皮、厂房和设备等。这些固定资产的净折旧成本加上已计算出的净营运资本，就能计算出占用的有形资本。

---

① 为便于研究和理解，我们假设折旧和摊销费用（从收益中支出的非现金部分）大致相当于所需支出的资本维护费用（从收益中支出的现金部分）。因此，假设EBITDA（未计利息、税项、折旧及摊销前的利润）－资本维护费用或支出＝EBIT（实际收益）。

提示：无形资产，特别是商誉，要从占用的有形资产中扣除。商誉问题经常会出现在一家公司并购另外一家公司的时候。并购成本超过被并购的有形资产的部分通常被归于商誉账户。为了从事未来的经营，并购公司通常要更换有形资产，如厂房和设备。商誉是历史成本，不需要时时更新。因此，在大多数情况下，有形资产的回报（不包括商誉）能更准确地反映出公司未来的资本收益率。被许多投资分析家使用的ROE和ROA计算方法不仅忽视了报告股本和资产与有形股本和资产的差别，而且曲解了不同税率和债务水平的差别，因此常常遭到扭曲。

EBIT/EV

收益率通过计算息税前利润（EBIT）与企业价值（EV，股本市值[①] + 净有息债务）的比值而得出。由于几个原因，

① 包括优先股权。

我们更倾向于使用这一比值，而不是通常使用的价格/收益（P/E）比值或收益/价格（E/P）比值。收益率概念背后的基本思想，就是算出与收购价格相比，企业挣了多少钱。

使用企业价值而不只是用股本价格（即由股价乘以已发行股份得出的总市值）的原因在于，企业价值既考虑了购买一家企业所付出的股本价格，又考虑了一家公司为了产生营业收益而背负的债务。通过使用 EBIT（该指标看重的是息税前实际营业收益）并将其与企业价值相比，我们就能够计算出全价收购一家企业的税前收益率（即税前营业收益/股本价格 + 可能债务）。这就使我们能够将具有不同债务水平和不同税率的公司放在同等的基础上，来比较它们的收益率。

例如，以 100 万美元购买的办公大楼，其中按揭 80 万美元，股本 20 万美元。尽管股本是 20 万美元，但企业的价值是 100 万美元。如果该办公楼能产生 10 万美元的 EBIT，那么 EBIT/EV 或税前收益率即为 10%（10 万美元/100 万美元）。然而，如果我们只考虑股本价格，购买这些同样的资产所产生的表面收益可能会因负债因素而发生较大偏移。假设 80 万美元按揭部分的利率是 6%，而公司税率为 40%，20 万美元的股权收购价格所产生的税前收益率就是26%。[①] 随着债务水平的变化，股本的税前收益率也会发生变化，而建筑物100万美元的成本和该建筑物产生的10万美元EBIT则不会发生变化。换句话说，P/E和E/P都会大大受到债务水平以及税率变化的影响，而EBIT/EV则不会。

> 假设有两个公司：公司A与公司B。这两个公司拥有同样的销售额、同样的营业收益，其他情况也一样，不同的是公司A没有债务，而公司B有每股50美元的债务（利率10%）。以下是每股的信息（单位：美元）。

---

① 10万美元的EBIT减去4.8万美元的利息支出，等于5.2万美元的税前收益。5.2万美元/20万美元等于26%。E/P或税后收益率，则是15.6%（10万美元的EBIT减去4.8万美元的利息，再减去2.08万美元的所得税，等于3.12万美元的税后收益。3.12万美元/20万美元等于15.6%）。这15.6%的收益率与6%的税后EBIT/EV更具有可比性（即，将EBIT视为全额纳税或税后净营业利润再除以EV；注意：衡量投资选择时，要用全税EBIT与企业价值的比值——即6%的税后收益率而不是10%的EBIT/EV，和无风险的10年期政府债券收益率进行比较。）。

	公司A	公司B
销售额	100	100
EBIT	10	10
利息费用	0	5
税前收益	10	5
税收（@40%）	4	2
纯收益	6	3

公司A的价格是每股60美元，公司B的价格是每股10美元，哪一个更便宜呢？

让我们想一想。公司A的P/E是10（60美元/6美元）。公司B的P/E是3.33（10美元/3美元）。公司A的收益率是10%（6美元/60美元）而公司B的收益率是30%（3美元/10美元）。哪个更便宜呢？答案是显而易见的。公司B的P/E只有3.33，而收益率是30%。这就比公司A的10的P/E和只有10%的收益率要便宜得多。所以公司B很显然更便宜一些，对吧？

别忙，让我们再看看这两个公司的EBIT/EV。都是一样的！对于一个公司的买家来说，是每股支付10美元，同时负担另外的每股 50 美元呢，还是支付 60 美元，而无须负担任何债务呢？这是一样的。不论你买入每股 EBIT 为 10 美元的股票，还是每股企业价值为 60 美元的股票，都是一样的。①

	公司 A	公司 B
企业价值（股价 + 负债）	60 + 0 = 60 美元	10 + 50 = 60 美元
EBIT	10	10

被破坏了的“随机漫步”

多年来，学者们一直在争论是否能够在非偶然的情况下发现低价股票。这种想法，有时被人们称为“随机漫步”或“有效市场”理论，它表明在大多数情况下，股市在吸收所有公开信息和决定股价方面是非常有效的。这就是，通

① 例如，无论你为一栋建筑物支付 20 万美元并假设有 80 万美元的按揭，或全额付款 100 万美元，这对你都是一样的。不论以哪种方式，建筑物的价格都是 100 万美元！

过消息灵通的买家和卖家的互动，市场能够为股票进行“公平”定价。随着长期以来大多数专业投资经理试图超越市场平均水平的失败（不管是否包括管理费用和支出），这一理论合理地趋于指数化，一个旨在赶上市场回报的成本节约型投资策略。

当然，长期以来，很多研究都试图找到在股市中稳赚的投资策略，但这些研究常常由于各种原因而受到批评。这些原因包括：

1. 投资者不能在选择股票的时候真正获得选择股票所用的数据（又称为“预测偏差”）。
2. 研究中使用的数据库是“经过整理的”，并且不包括后来破产的公司，从而使研究的结果比实际情况看起来要好得多（也称为“生存偏差”）。
3. 研究中包括了那些不能以数据库中标明的价格购买的极小的公司，以及那些由于太小而没有被专业投资者购买的公司。
4. 在考虑了交易成本之后，这些研究的收益结果并没有超出市场多少。

5. 这些研究挑选的股票因为在某些方面比市场更具“风险性”，所以才表现得更好。
6. 这类研究是对许多不同的股票选择策略进行回溯测试，直至找到起作用的方法（又称“数据挖掘”）。
7. 这些确保在股市中稳赚的股票选择方法，包括从以往的探索此类方法的研究中获得的知识，都在买入这些研究中的股票时荡然无存了。

在进行神奇公式的研究之前，当我们分析一家公司时，高股票收益率加上高资本收益率是最重要的两点因素。

幸运的是，神奇公式研究并不存在以上的任何问题。它使用了一个来自标准普尔 Compustat 数据库、名为“时点”的最新数据库。在研究阶段，Compustat 的客户每天都能得到该数据库的准确信息。该数据库包括过去 17 年的信息，即对神奇公式选择进行研究期间的信息。利用这一特殊数据库，就能避免“预测偏差”和“生存偏差”的发生。

另外，神奇公式还可以为各种市值的股票提供服务，获得远远超过市场平均值的回报，并承担比市场低得多的风险（不论该风险有多大）。因此，规模小、交易成本高以及风险大，都不能成为质疑神奇公式有效性的理由。而且神奇公式在选择股票时，并没有进行“数据挖掘”和学术研究。神奇公式所利用的两个因素实际上是最初经过测试的两个因素。简单地说，在进行神奇公式的研究之前，当我们分析一家公司时，高股票收益率加上高资产收益率是最重要的两个因素。简而言之，尽管神奇公式过于简单并遭到很多人的反对，但它是奏效的。即使与大多数迄今为止最好的、能够在股市中稳赚的复杂研究相比，神奇公式也非常有效。

然而，从某种角度讲，神奇公式投资策略的成功并不令人惊讶，能在股市中稳赚的简单方法早已被人们熟知。历年来的多项研究证明，从长期看，价值投资策略能保证在股市中稳赚。几种不同的价值衡量方法已被证明是有效的。这些投资策略包括（但不限于）在选择股票时，在价格和账面价值的比值、价格与收益的比值、价格与现金流的比值、价格与销售额的比值，还有价格与股息的比值等指标中，均可选择比值较低者买入股票。与神奇公式的研究结果相似，这些简单的价值衡量方法并不总是见效。但是，从长期看，它们是行之有效的。尽管这些方法多年来一直受到好评，但大多数个人和专业投资者却没有耐心去使用它们。显然，长期的不佳表现令人们，尤其是专业投资者，很难或无法使用这些方法。

这些简单方法的另一个问题是，尽管它们总的来说很有效，但它们对于中小市值的股票比大市值的股票更见效。这也不足为奇。那些对于专业人士来说规模太小而不愿意购买，或规模小到不能产生足够的佣金收入来支付分析师费用的公司，很容易被忽略或误解。其结果是，这些公司更容易为发现低价股提供机会，而这正是神奇公式的研究范围。神奇公式对市值最小的股票最有效果。

然而，这种好的表现不能归功于小市值效应，这是因为在研究期间，小市值股票的表现并没有优于大市值的股票。我们可以根据市值将过去 17 年研究期内的众多股票分为不同的种类，市值最小的 10% 的股票提供了 12. 1% 的回报，而市值最大的 10% 的股票提供了 11. 9% 的回报。下一组情况也是类似的：次小市值的股票提供了 12. 2% 的回报，次大市值的股票提供了 11. 9% 的回报。

但较小市值的股票，其表现是否能超过较大市值的股票并不是实质性问题。显然，在小市值股票中存在着更多发现低价股（或标价过高的股票）的机会，这是因为有更多的股票可供选择，而且小股票更容易被分析，因而也更容易被错误定价。

从某种角度讲，使用那些比较简单的方法，如价格/账面价值和神奇公式，会更容易在这些小市值股票中发现低价股。

然而，神奇公式与以往那些能够确保在股市中稳赚的研究方法（不论是简单的还是复杂的）有着不同之处，这就是对市值较大（超过10亿美元）的股票而言，神奇公式的成果就显得非常突出了，而其他方法没有如此显著的表现。例如，在我们的研究期内，被最广泛使用的发现价值股以及成长股的方法，即价格/账面价值，在大市值股票中的差别不是很大。价格与账面价值比值最低的一组股票（最便宜的10%部分）仅超过价格与账面价值比值最高的一组股票（最贵的10%部分）2%①。

相比之下，神奇公式的投资策略则表现得更为突出。在17年的研究期内，神奇公式股票中排名最好的一组股票（最便宜的10%部分）在年平均收益率方面超过排名最差的一组股票（最贵的10%部分）14%。在总价值超过10亿美元的股票中，最好的一组股票的收益率为18.88%，最差一组的股票的收益

① 价格与账面价值比值最低的为13.72%，最高的为11.51%。本组的市场平均值为11.64%。

率为4.66%，而同期的市场平均值为11.7%。说实话，这并不令人感到惊讶。尽管与资产的原始成本相比，价格较低可能表明一种股票是便宜的，但与价格和资产的原始成本相比，高收益更能直接衡量股票的便宜与否，因而更有效。当然，这两个元素也适用于神奇公式的研究中。

芝加哥大学的约瑟夫·皮奥特洛斯基进行了一项著名的研究，他将价格/账面价值分析又向前推进了一步。皮奥特洛斯基发现，尽管价格/账面价值比值较低的股票的收益能够超过市场平均水平，但实际上按照该方法选择的股票只有不到一半能够超过市场平均水平。通过简便易行的计算方法，皮奥特洛斯基想知道自己是否能改进价格/账面价值方法的结果。皮奥特洛斯基利用9种不同的财务健康标准对价格/账面价值最低的1/5的股票（即最便宜的20%部分）进行了排名。这些标准包括赢利能力、运营效率以及资产负债表状况等。这项历时21年的研究所取得的成果是非凡的……只有一项除外。

实际上，对于市值较大的股票，该方法并不见效。市值最大的1/3的股票①，在皮奥特洛斯基的9点衡量法上排名最

① 等于神奇公式研究中市值超过大约7亿美元的股票。

靠前的股票，并没有明显超过低价格/账面价值比值股票的市场平均表现。[①] 这也不令人吃惊。如前面提到的那样，在中小市值的股票中更容易找到那些错误定价的股票。

但这种对大市值股票无效，却能在股市中稳赚的方法并不独特。尽管在股市中稳赚的复杂方法一般都能表现出非凡的结果，但它们在大市值股票（或小市值股票）方面不如相对简单的神奇公式表现得那么好。例如，到目前为止，就复杂的要素模型来看，最为出色的工作是由罗伯特·豪根和纳丁·贝克完成的。豪根教授的论文具有突破性，实际上他已经在自己所取得的出色成果的基础上开始了一项咨询业务。

重要的是，不同于神奇公式中使用的两个要素，豪根利用 71 个要素建立了一个较为复杂的模型，希望借助它来预测股票的未来走势。这 71 个要素根据“风险、流动性、财务结构、赢利性、以往价格和分析师预测”来评估股票。根据所有这些不同要素的复杂加权，豪根模型对每种股票的未来收益进行预测。豪根模型对 3 000 多种股票的历史“预期收益”进行了评估，

① 尽管皮奥特洛斯基排名“最低”的大市值股票相对于其他价格/账面价值较低的股票的确表现不佳，但他的排名系统在超过 21 年中一共只选出了 34 只排名较低的股票。

并将结果发布在他的网站上，该评估从1994年2月开始直至2004年11月。我们决定对豪根的模型进行测试，看看它对大市值股票（那些在2004年市值超过10亿美元的股票）是否适用。

结果证明它确实有效，而且成果很可观。在这10年多时间内，大市值股票的市场平均收益率为9.38%。但根据豪根的71要素模型买入排名最高的股票的收益率为22.98%，排名最低的股票实际上亏损了6.91%——最好与最差之间几乎相差30%！该模型设定股票的持有期只有一个月，然后在月底进行重新排名。当然，尽管这些结果很好，但神奇公式的表现更佳!

在同样的时间里，根据神奇公式的两要素模型，排名最高的股票的收益率为24.25%，排名最低的股票亏损了7.91%。最好与最差之间相差超过32%！虽然与豪根使用的71要素模型所带来的结果相比，神奇公式方法的结果更好（并且容易获得），但两种方法的表现都是出色且具有可比性的。问题在于，大多数人购买股票不是为了投资，他们的股票持有期只有一个月。除去大量的时间、交易费用以及税收负担外，这实际上是一种交易策略，而不是真正的长期投资策略。那么如果我们改变测试方法并将每个股票组合持有一年会有怎样的结果呢？①

事实上，有趣的事情发生了。豪根的71要素模型仍然表现出色：排名最高的一组股票的收益率为12.55%（市场平均水平为9.38%），而排名最低的一组股票的收益率为6.92%。如果我们没有看过一个月的收益率，这些看起来的确很好。但神奇公式的情况如何呢？排名最高的一组股票收益率为18.43%，而排名最低的一组股票的收益率为1.49%——最好与最差之间几乎相差17%！不论你怎么看，这都相当不错了。还有有趣的事情呢。在这10年多的时间里，按照豪根方法一直追踪36个月（按年营业额），最差的收益率是-43.1%，而神奇公式在最差的36个月内是14.3%。不仅如此，神奇公式使用的要素比豪根要少69种，而且所涉及的数学计算更少！②

---

① 在10年期内，每个月都买入一个股票组合，并将每个组合持有一年，那么每种方法就对超过120种不同的组合进行了测试。

② 豪根教授并不建议购买一个组合中排名最高的10%的股票，或持有股票达一年之久。并且，在豪根组合的前10%的股票中，最差的36个月的损失与同期市场总体损失相似。与神奇公式投资组合进行比较的数据，仅包括既在豪根方法又在神奇公式中、市值超过10亿美元的股票。

这就是要点。神奇公式表现得很出色，我认为并希望它能在未来继续表现出色。我还希望，就像马克·吐温所说，打高尔夫就是把“一场好好的散步给毁了”。也许，有一天这种随机漫步也会被毁了。

致　谢

向为本书的出版而做出贡献的朋友、同事以及家人表示由衷的感谢。特别感谢我在 Gotham 基金的伙伴罗布·格斯坦和约翰·帕特里。他们不仅是对本书中所提到的神奇公式进行真正研究的人，还是我有幸遇到并与之合作的才华横溢、慷慨大方的人士。他们对本书以及对 Gotham 基金的成功所做出的贡献怎么夸奖都不为过，我对他们感激不尽。我还希望向凯伯恩资本公司的爱德华·拉姆斯登表示特殊的谢意，感谢他深刻的评论，对本书提出的建议以及所做的编辑工作；对庞卡基金的诺伯特·鲁表示感谢，特别感谢他的鼓励及其对第九章所提出的建议；感谢 Gotham 基金的帕特里克·艾德对神奇公式的研究做出的重要贡献，以及他的真知灼见和在编辑方面的出色才能。另外，我在美国资本公司工作的弟弟理查德·格林布拉特作为主要编辑人员对每个章节都付出了辛勤劳动，并且提出了许多出色的建议。他对本书以及对我个人多年来的鼓励，都使我受益匪浅。

我还想对以下人员所提供的帮助和鼓励表示感谢：我的姐姐莎伦·克翰博士（也是我最欣赏的艺术家）、加里·克翰博士、乔舒亚·克翰、贾斯汀·克翰，来自赛都洛克合伙公司的琳达·格林布拉特·戈登、迈克尔·戈登，卡斯滕公司的布莱恩·宾德、苏珊·宾德博士，阿伦和米基·格林布拉特（我伟大的父母）与乔治博士和塞希尔·提卜（我著名的岳父和岳母），在加布里尔资本公司工作的埃兹拉·莫元、罗德·莫斯考维奇、约翰·斯卡里、马克·西尔伯特，来自克伍德资本公司的戴维·拉宾诺维茨、拉里·巴拉班、拉比·雷伯·兰姆，在克里森多合伙公司工作的埃里克·罗森菲德、罗伯特·库塞尔（我在史密斯·巴尼公司的经纪人），来自格莱西资本公司的丹·尼尔，在泉城资本公司工作的布莱恩·艾恩斯、布鲁斯·纽伯格（是他促使我开始写这本书）、马修·纽伯格，以及来自派纳投资管理公司的里奇·派纳。特别感谢约翰·威利出版社的编辑戴维·普和我的文字代理人桑德拉·迪克斯塔所给予我的鼓励以及他们对本书的大力支持。感谢我的好朋友安德鲁·托拜厄斯慷慨地为本书做序。

我还想感谢家中最大的两个孩子：马修和丽贝卡，他们一直积极充当着本书的读者（对书中的玩笑他们大笑不止）。感谢我的三个较小的孩子给我的灵感。感谢我所有的孩子，谢谢你们每天带给我的快乐。更要感谢我美丽的妻子朱莉为本书的写作提出的有益建议，以及她在每个宝贵日子里给予我的爱和支持。